U0656309

高等职业教育园林工程技术专业系列教材

园林建筑材料与构造

主　编　文益民

副主编　龚　静　郭宇珍

参　编　陈大昆　邹　宁　王守富

主　审　龙　元

机 械 工 业 出 版 社

本书根据教育部高等职业教育园林工程技术专业培养方案中主干课程"园林建筑材料与构造"的基本内容和要求编写。全书共 3 章，包括园林建筑材料、房屋建筑基本构造和园林建筑基本构造，附有内容小结、思考题及实训环节。

本书定位于培养高素质的技能型人才，重点突出职业技术教育的特点，密切结合国家有关建筑设计的新规范、新标准及新政策。本书既可作为高职高专院校园林工程技术专业、环境艺术设计专业及其他相关专业的教材，也可用于在职培训或相关工程技术人员参考。

图书在版编目（CIP）数据

园林建筑材料与构造/文益民主编. —北京：机械工业出版社，2011.7
（2025.6 重印）

高等职业教育园林工程技术专业系列教材

ISBN 978-7-111-34468-1

Ⅰ.①园⋯　Ⅱ.①文⋯　Ⅲ.①园林建筑-建筑材料-高等职业教育-教材
②园林建筑-建筑构造-高等职业教育-教材　Ⅳ.①TU986.4

中国版本图书馆 CIP 数据核字（2011）第 132723 号

机械工业出版社（北京市百万庄大街 22 号　邮政编码 100037）
策划编辑：李俊玲　王靖辉　责任编辑：王靖辉　陈将浪
版式设计：霍永明　　　　　责任校对：闫玥红
封面设计：王伟光　　　　　责任印制：邰　敏
北京中科印刷有限公司印刷
2025 年 6 月第 1 版第 10 次印刷
184mm×260mm · 9.25 印张 · 222 千字
标准书号：ISBN 978-7-111-34468-1
定价：30.00 元

电话服务　　　　　　　　　网络服务
客服电话：010-88361066　机 工 官 网：www.cmpbook.com
　　　　　010-88379833　机 工 官 博：weibo.com/cmp1952
　　　　　010-68326294　金 书 网：www.golden-book.com
封底无防伪标均为盗版　　　机工教育服务网：www.cmpedu.com

前　言

  本书是按照教育部高等职业技术教育的要求和园林类专业人才培养规划，以及国家现行建筑材料标准与园林建筑设计规范编写而成的。

  本书主要介绍园林建筑材料、房屋建筑基本构造和园林建筑基本构造。在编写教材的过程中，突出了以下特点：

  1）理论以必需、够用为度，尽量与工程实际相结合，培养学生的实践技能及创新思想。

  2）语言精炼，图文并茂，深入浅出，通俗易懂，做到科学性与实用性并重。

  3）每章的开头都有对学习目标的说明，章后有本章小结、思考题与实训环节，学习引导性强。

  本书由湖北城市建设职业技术学院文益民任主编，由武汉工业学院龚静和湖北城市建设职业技术学院郭宇珍任副主编。第1章由湖北城市建设职业技术学院文益民、郭宇珍编写，第2章由湖南城建职业技术学院邹宁、陈大昆编写，第3章由武汉工业学院龚静、湖北生态工程职业技术学院王守冒编写，全书由湖北城市建设职业技术学院安娜、李少红进行校稿，华中科技大学建筑与城市规划学院龙元主审。

  本书在编写的过程中，参考了同类教材的相关内容，借鉴了一些实际工程案例，同时得到了湖北城市建设职业技术学院高卿、安娜的大力支持和帮助，在此一并表示衷心的感谢。

  限于时间仓促和经验不足，不当之处在所难免，敬请读者批评指正，以期进一步修订完善。

编　者

目　　录

第 1 章

园林建筑材料

学习目标

了解建筑材料的分类，掌握建筑材料基本性质的概念、表示材料基本性质的术语在说明各种材料的性质时是经常要用到的，只有牢固掌握并熟练应用，才能为后面学习各种材料打下良好的基础，同时对于合理地选用材料也至关重要。本章详细阐述了建筑材料的基本物理性质、力学性质、表示方法及有关的影响因素，应重点掌握。另外，本章还简要介绍了材料的耐久性。

1.1 建筑材料的基本性质

建筑材料的基本性质是指工程选材时通常所要求的，或者在评价材料时首先要考虑到的最根本的性质，主要包括物理性质、化学性质、力学性质及耐久性等。建筑材料在建筑物中承受各种不同的作用，要求具有相应的性质，如承重构件的材料要求有一定的强度和刚度，防水材料要有不透水的性质，隔热保温材料应具有不易传热的性质等。同时，建筑物在使用过程中，还经常受到各种环境因素的作用，使材料逐渐遭受破坏，如风、雨和日晒等大气因素的作用，水流和泥沙的冲刷作用，温、湿度变化及冻融作用，环境水或空气中所含有害成分的化学侵蚀作用等，因此材料在满足建筑物所要求的功能性质的同时，还需要具有抵抗这些破坏作用的性质，以保证在所处环境中经久耐用。工程中所讨论的材料的各种性质，都是在一定环境条件下测试的各种性能指标。

建筑材料的性质是多方面的，掌握了建筑材料的基本性质，就可以正确地选择与合理地使用建筑材料。本章主要介绍材料的基本物理、力学和化学性质。

1.1.1 园林建筑材料的分类

园林建筑材料分为气硬性无机胶凝材料、木材、钢材、水泥、混凝土、砂浆、墙体材料、塑料和装饰材料等。

1.1.2 材料的基本物理性质

物理性质主要包括三种密度及密实度、孔隙率、填充率、空隙率。

1. 密度

材料质量和体积的比值称为材料的密度。在不同构造状态下，材料的密度又可分为密度（或称实际密度）、表观密度和堆积密度。

（1）实际密度。实际密度是指材料在绝对密实状态下，单位体积所具有的质量，单位为 g/cm^3 或 kg/m^3。按下式计算

$$\rho = \frac{m}{V}$$

(1-1)

式中　ρ——实际密度（g/cm^3 或 kg/m^3）；

m——材料在干燥状态下的质量（g）；

V——材料在绝对密实状态下的体积（cm^3）。

材料在绝对密实状态下的体积是指材料体积内固体物质的实际体积，不包括内部孔隙。

（2）表观密度。表观密度是指材料在自然状态下单位体积所具有的质量，按下式计算

$$\rho_0 = \frac{m}{V_0}$$

(1-2)

式中　ρ_0——表观密度（g/cm^3 或 kg/m^3）；

m——材料的质量（g 或 kg）；

V_0——材料在自然状态下的体积，或称表观体积（cm^3 或 m^3）。

材料在自然状态下的体积是指材料的实体积与材料内所含全部孔隙体积之和。

（3）堆积密度。散粒材料在自然堆积状态下单位体积的质量称为堆积密度，按下式计算

$$\rho'_0 = \frac{m}{V'_0}$$

(1-3)

式中　ρ'_0——堆积密度（kg/m^3）；

m——材料的质量（kg）；

V'_0——材料的堆积体积（m^3）。

散粒材料在自然状态下的体积是指既含颗粒内部的孔隙，又含颗粒之间空隙在内的总体积。

2. 密实度

密实度是指材料的固体物质部分的体积占总体积的比例，说明材料体积内被固体物质所充填的程度，即反映了材料的致密程度，按下式计算

$$D = \frac{V}{V_0} \times 100\% = \frac{\rho_0}{\rho} \times 100\%$$

(1-4)

3. 孔隙率

孔隙率是指材料体积内孔隙体积（V_p）占材料总体积（V_0）的百分率。按下式计算

$$P = \frac{V_0 - V}{V_0} \times 100\% = \left(1 - \frac{\rho_0}{\rho}\right) \times 100\%$$

(1-5)

可见，孔隙率与密实度的关系为：密实度＋孔隙率＝1 或 $P + D = 1$

4. 填充率、空隙率

（1）填充率是指散粒材料在某堆积体积中，被其颗粒填充的程度，按下列计算式计算

$$D' = \frac{V_0}{V'_0} \times 100\% = \frac{\rho'_0}{\rho_0} \times 100\%$$

(1-6)

（2）空隙率是指散粒材料在某容器的堆积体积中，颗粒间的空隙体积所占的比例，按下列计算式计算

$$P' = \frac{V'_0 - V_0}{V'_0} \times 100\% = \left(1 - \frac{\rho'_0}{\rho_0}\right) \times 100\%$$

同样，填充率＋空隙率＝1 或 $D' + P' = 1$

1.1.3　材料的力学性质

1. 材料的强度

材料的强度是材料在应力作用下抵抗破坏的能力。通常情况下，材料内部的应力多由外力（或荷载）作用而引起，随着外力的增加，应力也随之增大，直至应力超过材料内部质点所能抵抗的极限（即强度极限），材料即发生破坏。

根据外力作用方式的不同，材料强度有抗拉强度、抗压强度、抗剪强度、抗弯（抗折）强度等，如图 1-1 所示。

2. 材料的等级

大部分建筑材料根据其极限强度的大小，可划分为若干不同的强度等级，如烧结普通砖按抗压强度分为六个等级：MU30、MU25、MU20、MU15、MU10、

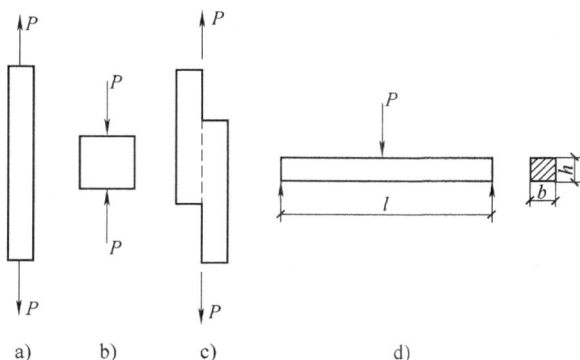

图 1-1　材料承受外力表示
a）抗拉　b）抗压　c）抗剪　d）抗弯

MU7.5；硅酸盐水泥按抗压和抗折强度分为六个等级：42.5　42.5R、52.5　52.5R、62.5 和 62.5R 六个等级；混凝土按其抗压强度分为十四个等级：C15、C20、C25、C30、C35、C40、C45、C50、C55、C60、C65、C70、C75、C80；碳素结构钢按其抗拉强度分为四个等级 Q195、Q215、Q235、Q275。

建筑材料按强度划分为若干个强度等级，这对生产者和使用者均有重要的意义：对生产者而言，它可使生产者在生产中控制产品质量时有依据，从而确保产品的质量；对使用者而言，则有利于掌握材料的性能指标，便于合理选用材料、正确进行设计和控制工程施工质量。

3. 材料的比强度

材料的比强度是按单位体积质量计算的材料强度，其值等于材料的抗拉强度与其表观密度之比。比强度是衡量材料质量轻，性能强的重要指标，优质的结构材料，必须具有较高的比强度。低碳钢、松木、普通混凝土的比强度分别为 0.053、0.069、0.012，说明低碳钢和木材是质量轻、性能强的高效能材料，而普通混凝土则为质量大而强度较低的材料。

4. 材料的弹性与塑性

材料在外力作用下产生变形，当外力取消后能够完全恢复原来形状的性质称为弹性，这种完全恢复的变形称为弹性变形（或瞬时变形）。

材料在外力作用下产生变形，如果外力取消后仍能保持变形后的形状和尺寸，并且不产生裂缝的性质称为塑性，这种不能恢复的变形称为塑性变形（或永久变形）。

实际上，纯弹性变形的材料是没有的，通常一些材料在受力不大时，仅产生弹性变形；受力超过一定极限后，即产生塑性变形。有些材料在受力时，如建筑钢材，当所受外力小于弹性极限时，仅产生弹性变形；而外力大于弹性极限后，则除了产生弹性变形外，还产生塑性变形。有些材料在受力后，弹性变形和塑性变形同时产生，当外力取消后，弹性变形会恢复，而塑性变形却无法恢复，如混凝土。

5. 材料的脆性与韧度

材料受力达到一定程度时，突然发生破坏，并无明显的变形，材料的这种性质称为脆性。大部分无机非金属材料均属脆性材料，如天然石材、烧结普通砖、陶瓷、玻璃、普通混凝土、砂浆等。脆性材料的另一特点就是抗压强度高而抗拉强度及抗折强度低。在工程中使用时，应注意发挥这类材料的特性。

材料在冲击或动力荷载作用下，能吸收较大能量而不破坏的性能，称为韧度或冲击韧度。

6. 材料的硬度、耐磨性

材料的硬度是材料表面的坚硬程度，是抵抗其他硬物刻划、压入其表面的能力。

耐磨性是材料表面抵抗磨损的能力。材料的耐磨性用磨损率（B）表示，按下式计算

$$B = \frac{m_1 - m_2}{A} \tag{1-7}$$

式中　B——材料的磨损率（g/cm^2）；

m_1、m_2——分别为材料磨损前、后的质量（g）；

A——试件受磨损的面积（cm^2）。

1.1.4　材料与水有关的性质

1. 材料的亲水性与憎水性

与水接触时，有些材料能被水润湿，而有些材料则不能被水润湿，对这两种现象而言，前者为亲水性，后者为憎水性。亲水性材料如砖、混凝土等；憎水性材料如沥青、石油等。

润湿角（接触角 θ）是气、固、液三相的交点沿液面切线与液相和固相相接触的方向所成的角，如图1-2 所示。

当润湿角 $\theta \leq 90°$ 时，材料表现为亲水性，该材料就称为亲水性材料。

当润湿角 $\theta = 0°$ 时，材料完全被水润湿。

当润湿角 $\theta > 90°$ 时，材料表现为憎水性，该材料就称为憎水性材料。

当润湿角 $\theta = 180°$ 时，材料完全不润湿。

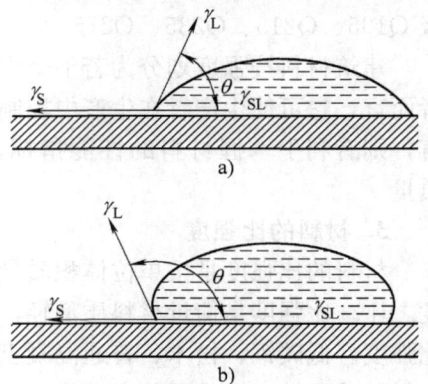

图 1-2　材料润湿示意图
a）亲水性材料　b）憎水性材料

2. 材料的吸水性与吸湿性

（1）吸水性。材料能吸收水分的能力，称为材料的吸水性。吸水的大小以吸水率来表示，分为质量吸水率和体积吸水率。

质量吸水率：是指材料在吸水饱和时，内部所吸水分的质量占材料干燥质量的百分率。

体积吸水率：是指材料在水中吸水达到饱和时，吸入水的体积占材料自然状态下体积的百分率。

（2）吸湿性。材料在潮湿空气中吸收水分的性质称为吸湿性。材料的吸湿性用含水率表示，含水率系指材料内部所含水的质量占材料干燥质量的百分率。

3. 材料的耐水性

材料长期在水作用下不破坏，强度也不显著降低的性质称为耐水性。材料的耐水性用软化系数表示，即下列计算式计算

$$K_{软} = \frac{f_{饱}}{f_{干}} \tag{1-8}$$

式中　$K_{软}$——材料的软化系数；

$f_{饱}$——材料在吸水饱和状态下的抗压强度（MPa）；

$f_{干}$——材料在干燥状态下的抗压强度（MPa）。

软化系数的波动范围在 0～1 之间。工程中通常将 $K_{软} > 0.80$ 的材料称为耐水性材料，可以用于水中或潮湿环境中的重要工程。在用于一般受潮较轻或次要的工程部位时，材料软化系数也不得小于 0.75。

软化系数反映了材料饱和后强度降低的程度，是材料吸水后性质变化的重要特征之一。一般材料吸水后，强度会有不同程度的降低。当材料内含有可溶性物质时（如石膏、石灰等），吸入的水还可能溶解部分物质，造成强度的严重降低。

材料耐水性限制了材料的使用环境，软化系数小的材料耐水性差，其使用环境尤其受到限制。

4. 材料的抗渗性

（1）抗渗性。抗渗性是材料在压力水作用下抵抗水渗透的性能。

土木建筑工程中的许多材料常含有孔隙、孔洞或其他缺陷，当材料两侧的水压差较高时，水可能从高压侧通过内部的孔隙、孔洞或其他缺陷渗透到低压侧。这种压力水的渗透，不仅会影响工程的使用，而且渗入的水还会带入能腐蚀材料的介质，或将材料内的某些成分带出，造成材料的破坏。

（2）抗渗等级。材料的抗渗等级是指用标准方法进行透水试验时，材料标准试件在透水前所能承受的最大水压力，并以字母 P 及可承受的水压力（以 0.1MPa 为单位）来表示抗渗等级，如 P4、P6、P8、P10 等，表示试件能承受逐步增高至 0.4MPa、0.6MPa、0.8MPa、1.0MPa 等的水压而不渗透。

5. 材料的抗冻性

材料的抗冻性是指材料在吸水饱和状态下，能经受反复冻融循环作用而不破坏，强度也不显著降低的性能。

材料的抗冻性以试件在冻融后的质量损失、外形变化或强度降低不超过一定限度时所能经受的冻融循环次数来表示，或称为抗冻等级。

材料的抗冻等级可分为 F15、F25、F50、F100、F200 等，分别表示此材料可承受 15 次、25 次、50 次、100 次、200 次的冻融循环。材料的抗冻性与材料的强度、孔结构、耐水性和吸水饱和程度有关。

1.1.5 材料的热工性质

1. 导热性

当材料两面存在温度差时，热量从材料一面通过材料传导至另一面的性质，称为材料的导热性。材料的导热性用热导率表示，热导率越小，绝热性能越好。

材料的热导率差别很大，一般在 $0.035 \sim 3.5\mathrm{W/(m \cdot K)}$ 之间。

2. 热容量和比热容

材料在受热时吸收热量，冷却时放出热量的性质称为材料的热容量。

单位质量材料温度升高或降低 1K 所吸收或放出的热量称为热容量系数或比热容。比热容按下式计算

$$c = \frac{Q}{m(t_2 - t_1)} \tag{1-9}$$

式中　　c——材料的比热容 $[\mathrm{J/(g \cdot K)}]$；

　　　　Q——材料吸收或放出的热量（热容量）；

　　　　m——材料质量（g）；

$(t_2 - t_1)$——材料受热或冷却前后的温差（K）。

比热容是反映材料的吸热和放热能力的物理量。不同材料的比热容不同，它对保持建筑物内部温度有很大的意义，比热容大的材料，能在热流变动或采暖设备供热不均匀时缓和室内的温度波动。

3. 材料的保温隔热性能：热阻和传热系数

热阻是材料层（墙体或其他围护结构）抵抗热流通过的能力，热阻按下式计算

$$R = d/\lambda \qquad 热导率不大于 0.175 的绝热材料 \tag{1-10}$$

式中　R——材料层热阻 $[(\mathrm{m^2 \cdot K})/\mathrm{W}]$；

　　　d——材料层厚度（m）；

　　　λ——材料的热导率 $[\mathrm{W/(m \cdot K)}]$。

热阻的倒数 $1/R$ 称为材料层（墙体或其他围护结构）的传热系数。传热系数是指材料两面温度差为 1K 时，在单位时间内通过单位面积的热量。

4. 材料的温度变形

材料的温度变形是指温度升高或降低时材料的体积变化。除个别材料以外，多数材料在温度升高时体积膨胀，温度下降时体积收缩。这种变化表现在单向尺寸时，为线膨胀或线收缩，相应的技术指标为线膨胀系数（α）。

材料的单向线膨胀量或线收缩量按下式计算

$$\Delta L = (t_2 - t_1)\alpha L$$

式中　ΔL——线膨胀或线收缩量（mm 或 cm）；

$(t_2 - t_1)$——材料升（降）温前后的温度差（K）；

　　　α——材料在常温下的平均线膨胀系数（1/K）；

　　　L——材料原来的长度（mm 或 m）。

土木工程中，对材料的温度变形大多关心其某一单向尺寸的变化，因此研究其平均线膨胀系数具有实际意义。材料的线膨胀系数与材料的组成和结构有关，常选择合适的材料来满

足工程对温度变形的要求。

1.1.6　材料的耐久性

材料的耐久性是泛指材料在使用条件下，受各种内在或外来自然因素及有害介质的作用，能长久地保持其使用性能的性质。

材料在建筑物之中，除要受到各种外力的作用之外，还经常要受到环境中许多自然因素的破坏作用。这些破坏作用包括物理、化学、力学及生物的作用。

物理作用有干湿变化、温度变化及冻融变化等，这些作用将使材料发生体积的胀缩，或导致内部裂缝的扩展，长久之后即会使材料逐渐破坏。在寒冷地区，冻融变化对材料会起着显著的破坏作用。在高温环境下，经常处于高温状态的建筑物或构筑物，所选用的建筑材料要具有耐热性能。在民用和公共建筑中，应考虑安全防火要求，必须选用具有耐火性能的难燃或不燃的材料。

化学作用包括大气、环境水以及使用条件下酸、碱、盐等液体或有害气体对材料的侵蚀作用。

力学作用包括使用荷载的持续作用，交变荷载引起的材料疲劳、冲击、磨损、磨耗等。

生物作用包括菌类、昆虫等的作用而使材料腐朽、蛀蚀而破坏。

砖、石料、混凝土等矿物材料，多是由于物理作用而破坏，也可能同时会受到化学作用的破坏。金属材料主要是由于化学作用引起的腐蚀。木材等有机质材料常因生物作用而破坏。沥青材料、高分子材料在阳光、空气和热的作用下，会逐渐老化而使材料变脆或开裂。

材料的耐久性指标是根据工程所处的环境条件来决定的，如处于冻融环境的工程，所用材料的耐久性以抗冻性指标来表示。处于暴露环境的有机材料，其耐久性以抗老化能力来表示。

1.1.7　材料的装饰性能

一个建筑物的内外装饰是通过装饰材料的质感、线条和色彩表现的。

根据建筑物的特点以及对外观效果、室内美化和使用功能的要求，选用性质不同的装饰材料或对一种装饰材料采用不同的施工方法，就可使建筑物获得所需要的色彩、色调，从而满足所要求的装饰效果。

1.2　气硬性无机胶凝材料

凡在一定条件下，经过自身的一系列物理、化学作用后，能将散粒或块状材料粘接成为具有一定强度的整体的材料，统称为胶凝材料。

胶凝材料根据化学成分可分为无机胶凝材料和有机胶凝材料两大类。

气硬性胶凝材料只能在空气中凝结硬化，保持并发展其强度；在水中不能硬化，也就不具有强度，其已硬化并具有强度的制品在水的长期作用下，强度会显著下降以至破坏。水硬性胶凝材料既能在空气中硬化，又能更好地在水中硬化，保持并继续发展其强度。

1.2.1 建筑石灰

1. 石灰的生产、化学成分与品种

石灰是以碳酸钙为主要成分的石灰石、白云质石灰岩、白垩等为原料，在一定烧结温度下煅烧所得的产物。主要成分为氧化钙。（CaO）

$$CaCO_3 = CaO + CO_2$$

$$MgCO_3 = MgO + CO_2$$

过火石灰：灰黑色，表面出现裂纹，有玻璃体的外壳。含二氧化硅（SiO_2）和三氧化二铝（Al_2O_3）杂质，块体堆密度大，熟化慢。

欠火石灰：未分解的石灰石，废品，利用率很低，不能消化，降低石灰浆的产量。

正火石灰：煅烧正常，质量轻，无裂缝，密度 $3.1 \sim 3.4 g/cm^3$，表观密度 $800 \sim 1000 kg/m^3$。当氧化镁（MgO）含量 $\leqslant 5\%$ 时称为钙质石灰；当氧化镁（MgO）含量 $> 5\%$ 时称为镁质石灰。

根据成品的加工方法的不同，有 4 种成品：

（1）块状生石灰：由石灰石煅烧成的白色疏松结构的块状物，主要成分为氧化钙（CaO）。

（2）磨细生石灰：由块状生石灰磨细而成。消化时间短，直接加水即可。但成本较高，不易储存。

（3）消石灰粉：将生石灰用适量的水经消化和干燥而成的粉末，主要成分为氢氧化钙 $[Ca(OH)_2]$，亦称为熟石灰。

（4）石灰膏：将消石灰和水组成的具有一定稠度的膏状物，主要成分为氢氧化钙 $[Ca(OH)_2]$ 和水。

（5）将消石灰用大量水消化而成的一种乳状液体，主要成分为氢氧化钙 $[Ca(OH)_2]$ 和水。

2. 生石灰的水化

生石灰的水化又称熟化或消化，是指生石灰与水发生水化反应，生成氢氧化钙 $[Ca(OH)_2]$ 的过程。其反应如下：

$$CaO + H_2O = Ca(OH)_2$$

生石灰熟化时放出大量的热，体积增大 $1 \sim 2.5$ 倍。

陈伏：当石灰中含有过火生石灰时，它将在石灰浆体硬化以后才发生水化作用，于是会因产生膨胀而引起崩裂或隆起现象。为消除此现象，应将熟化的石灰浆在消化池中储存 $2 \sim 3$ 周，即陈伏。陈伏期间，石灰膏表面有一层水，以隔绝空气，防止与二氧化碳（CO_2）作用而发生碳化。

3. 石灰浆体的硬化

石灰浆体的硬化包含了干燥、结晶和碳化三个交错进行的过程。

（1）干燥作用。干燥时，石灰浆体中的多余水分蒸发或被砌体吸收，而使石灰粒子紧密接触，获得一定强度。

（2）结晶作用。游离水分蒸发，氢氧化钙 $[Ca(OH)_2]$ 逐渐从饱和溶液中结晶析出，形成结晶结构网，使强度继续增加。

（3）碳化作用

氢氧化钙 [$Ca(OH)_2$] 与空气中的二氧化碳（CO_2）和水（H_2O）化合成晶体，反应式如下：

$$Ca(OH)_2 + CO_2 + nH_2O \rightarrow CaCO_3 + (n+1)H_2O$$

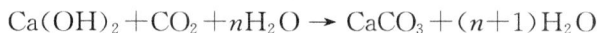

碳酸钙（$CaCO_3$）晶体相互交叉连生或与氢氧化钙共生，构成较精密的结晶网，使硬化浆体强度进一步提高。由于空气中二氧化碳（CO_2）含量很低，故自然状态下的碳化速度较慢。

4. 石灰的技术性质

（1）可塑性好：生石灰熟化为石灰浆时，能自动形成颗粒极细（直径约为 $1\mu m$）的呈胶体分散状态的氢氧化钙，表面吸附一层厚的水膜，因此用石灰调成的石灰砂浆，其突出的优点是具有良好的可塑性。在水泥砂浆中掺入石灰浆，可使可塑性显著提高。

（2）硬化慢、强度低：从石灰浆体的硬化过程可以看出，由于空气中二氧化碳稀薄，碳化甚为缓慢；而且，表面碳化后，形成紧密外壳，不利于碳化作用的深入，也不利于内部水分的蒸发，因此石灰是硬化缓慢的材料。同时，石灰的硬化只能在空气中进行，硬化后的强度也不高。受潮后石灰溶解，强度更低，在水中还会溃散，如石灰砂浆（1:3）28d 强度仅为 0.2~0.5MPa，所以石灰不宜在潮湿的环境下使用，也不宜用于重要建筑物基础。

（3）硬化时体积收缩大：石灰在硬化过程中，蒸发大量的游离水而引起显著的收缩，所以除调成石灰乳进行薄层涂刷外，不宜单独使用。常在其中掺入砂、纸筋等以减少收缩和节约石灰。

（4）耐水性差，不易储存：块状类石灰放置太久，会因吸收空气中的水分而自动熟化成消石灰粉，再与空气中的二氧化碳作用而还原为碳酸钙，失去胶结能力。所以储存生石灰不但要防止受潮，而且不宜储存过久。最好运到后即熟化成石灰浆，将储存期变为陈伏期。由于生石灰受潮熟化时放出大量的热，而且体积膨胀，所以储存和运输生石灰时，还要注意安全。

5. 石灰的应用

（1）石灰乳和石灰砂浆。将消石灰粉或熟化好的石灰膏加入适量的水搅拌稀释，成为石灰乳，这是一种廉价的涂料，主要用于内墙和顶棚刷白，增加室内美观和亮度。我国农村也用于外墙。石灰乳可加入各种耐碱颜料。石灰乳调入少量水泥、粒化高炉矿渣或粉煤灰，可提高其耐水性；调入氯化钙或明矾，可减少涂层的粉化现象。

石灰砂浆是将石灰膏、砂加水拌制而成，按其用途分为砌筑砂浆和抹面砂浆。

（2）石灰土（灰土）和三合土。石灰与黏土或硅铝质工业废料混合使用，制成石灰土或石灰与工业废料的混合料，再加适量的水充分拌和后，经碾压或夯实，在潮湿环境中使石灰与黏土或硅铝质工业废料表面的活性氧化硅或氧化铝反应，生成具有水硬性的水化硅酸钙或水化铝酸钙，适于在潮湿环境中使用，如建筑物或道路基础中使用的石灰土、三合土、二灰土（石灰、粉煤灰或炉灰）、二灰碎石（石灰、粉煤灰或炉灰、级配碎石）等。

（3）灰砂砖和硅酸盐制品。石灰与天然砂或硅铝质工业废料混合均匀，加水搅拌，经压振或压制形成硅酸盐制品。为使其获早期强度，一般采用高温高压养护或蒸压，使石灰与硅铝质材料反应速度显著加快，使制品产生较高的早期强度，如灰砂砖、硅酸盐砖、硅酸盐混凝土制品等。

1.2.2 石膏

建筑中使用最多的石膏胶凝材料有建筑石膏、高强度石膏和硬石膏。水泥石膏制品的优点：质量轻，易加工，耐火，隔声，绝热，可用做吊顶和非承重内墙。石膏是以硫酸钙为主要成分的矿物，当石膏中含有结晶水不同时，可形成多种性能不同的石膏。

1. 建筑石膏的原料

根据石膏中含有结晶水的多少不同可分为：

（1）无水石膏（$CaSO_4$）：也称硬石膏，它结晶紧密，质地较硬，是生产硬石膏水泥的原料。

（2）天然石膏（$CaSO_4 \cdot 2H_2O$）：也称生石膏或二水石膏，大部分自然石膏矿为生石膏，是生产建筑石膏的主要原料。

（3）建筑石膏（$CaSO_4 \cdot 1/2 H_2O$）也称熟石膏或半水石膏，它是由生石膏加工而成的，根据其内部结构不同可分为 α 型半水石膏和 β 型半水石膏。

建筑石膏通常是由天然石膏经压蒸或煅烧加热而成的，常压下煅烧加热到 $107 \sim 170℃$，可产生 β 型建筑石膏：

$$CaSO_4 \cdot 2H_2O \xrightarrow{107 \sim 170℃常压} CaSO_4 \cdot \frac{1}{2}H_2O + 1\frac{1}{2}H_2O$$

　　　　（二水石膏）　　　　　　　　　（β 型半水石膏）

$124℃$ 条件下压蒸（1.3 个大气压，1 标准大气压 = 101.325kPa）加热可产生 α 型建筑石膏：

$$CaSO_4 \cdot 2H_2O \xrightarrow[124℃压蒸]{} CaSO_4 \cdot \frac{1}{2}H_2O + 1\frac{1}{2}H_2O$$

　　　　（二水石膏）　　　　　　　　　（α 型半水石膏）

α 型半水石膏与 β 型半水石膏相比，结晶颗粒较粗，比表面积较小，强度高，因此又称为高强度石膏。

当加热温度超过 170℃时可生成无水石膏，只要温度不超过 200℃，此无水石膏就具有良好的凝结硬化性能。

2. 建筑石膏的特性

（1）凝结硬化快。初凝时间：不小于 6min；终凝时间：不大于 30min。1 星期左右完全硬化，实际应用中可加适量缓凝剂。

（2）硬化后孔隙率大（50%～60%），水化的理论需水量为 18.6%，实际用水量为 60%～80%；多余水分蒸发形成孔隙，故其强度较低。

硬化后强度 3～5MPa（隔墙、饰面）；存放 3 个月后强度下降 30%。

（3）建筑石膏硬化隔热性和吸声性能良好，但耐水性较差。

（4）防火性能良好：在着火温度下，石膏脱水，水分蒸发，火与板之间形成蒸汽带，阻止火势蔓延。

（5）建筑石膏硬化时体积略有膨胀，能充满模型。

（6）装饰性好，可用做吊顶和顶棚。

（7）硬化体的可加工性能好，可制作模型雕刻。

3. 建筑石膏的应用

（1）建筑石膏用于室内抹灰、粉刷，作为装饰材料，并可调节室内温度和湿度。

（2）石膏制品有纸面石膏板、（内墙、隔墙、顶棚）石膏空心条板、纤维石膏板、装饰石膏制品等。

1.2.3　镁质胶凝材料

菱苦土是一种镁质胶凝材料。其主要成分是氧化镁（MgO）。

1. 原料及生产

菱苦土的主要原料是天然菱镁矿。其主要成分是碳酸镁（$MgCO_3$）。

菱苦土材料一般是将菱镁矿经煅烧磨细而制成的，要求的细度为 4900 孔/cm^2 的筛余量不大于 25%，其化学反应可表示为：

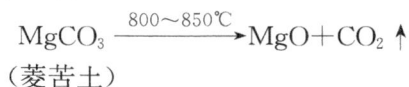

$$MgCO_3 \xrightarrow{800\sim850℃} MgO + CO_2 \uparrow$$
$$（菱苦土）$$

2. 菱苦土的水化、硬化

试验证明，用水调拌菱苦土时将生成氢氧化镁 [$Mg(OH)_2$]，浆体凝结很慢，硬化后强度很低。若以氯化镁水溶液来调制氧化镁（MgO）时，可以加速其水化反应，并且能形成新的水化产物。这种新的水化产物硬化后的强度较高（40～60MPa），水化反应如下：

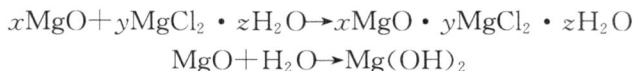

$$xMgO + yMgCl_2 \cdot zH_2O \rightarrow xMgO \cdot yMgCl_2 \cdot zH_2O$$
$$MgO + H_2O \rightarrow Mg(OH)_2$$

水化产物中 x、y、z 的大小与煅烧温度、氯化镁（$MgCl_2$）溶液用量、初始配合比、养护条件有关。

水化产物是针状结晶，彼此机械咬合，并相互连生、长大，形成致密的结构，使浆体凝结硬化。

3. 菱苦土的应用

菱苦土与植物纤维能很好地粘接，而且碱性较弱，不会腐蚀纤维。建筑工程中常用来配制菱苦土木屑浆和菱苦土木屑砂浆，前者既可胶结为菱苦土木屑板，用于内墙、顶板和地面，也可压制成各种零件用做窗台板、门窗框、楼梯扶手等；后者掺加砂可作为地坪耐磨面层。用膨胀珍珠岩代替木屑可制成轻质、阻燃型的室内装饰板材。以菱苦土为胶结料，以玻璃纤维为增强材料，添加改性剂，可制成管材产品。

菱苦土的不足之处是硬化后易吸潮反卤、耐水性差，其原因是硬化产物具有较高的溶解度，遇水会溶解。为提高耐水性，可采用外加剂，或改用硫酸镁作为拌合水溶液，以降低吸湿性、改进耐水性。

1.2.4　水玻璃

水玻璃俗称泡花碱，由碱金属氧化物和二氧化硅组成，属可溶性的硅酸盐类。

根据碱金属氧化物的不同，水玻璃有：硅酸钠水玻璃（$Na_2O \cdot nSiO_2$）、硅酸钾水玻璃 $K_2O \cdot nSiO_2$）、硅酸锂水玻璃（$Li_2O \cdot nSiO_2$）等品种，最常用的是硅酸钠水玻璃（$n = \dfrac{SiO_2}{R_2O}$ 称为水玻璃模数）。

根据水玻璃模数的不同，又分为"碱性"水玻璃（$n<3$）和"中性"水玻璃（$n \geqslant 3$）。实际上，中性水玻璃和碱性水玻璃的溶液都呈明显的碱性反应。

1. 水玻璃的生产

生产水玻璃的方法分为湿法和干法两种。湿法生产硅酸水玻璃是将石英砂和苛性钠溶液在压蒸锅内用蒸汽加热，直接反应生成液体水玻璃；干法生产硅酸钠水玻璃是将石英砂和碳酸钠磨细拌匀，在熔炉中于 $1300 \sim 1400℃$ 温度下熔化，按下式反应生成固体水玻璃。固体水玻璃于水中加热溶解而生成液体水玻璃，其反应式为：

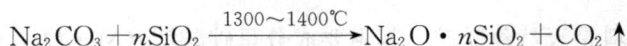

$$Na_2CO_3 + nSiO_2 \xrightarrow{1300 \sim 1400℃} Na_2O \cdot nSiO_2 + CO_2 \uparrow$$

2. 水玻璃的硬化

液体水玻璃在空气中吸收二氧化碳，形成无定形的硅酸凝胶，并逐渐干燥而硬化：

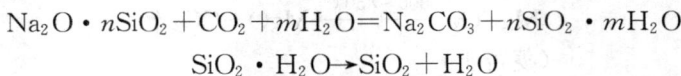

$$Na_2O \cdot nSiO_2 + CO_2 + mH_2O = Na_2CO_3 + nSiO_2 \cdot mH_2O$$

$$SiO_2 \cdot H_2O \rightarrow SiO_2 + H_2O$$

由于空气中二氧化碳含量较低，这个过程很缓慢，为了加速硬化和提高硬化后的防水性，常加入氟硅酸钠（Na_2SiF_6）作为促硬剂，促使硅酸凝胶加速析出。氟硅酸钠的适宜用量为水玻璃质量的 $12\% \sim 15\%$。

3. 水玻璃的技术性质

（1）粘接力强。水玻璃硬化后具有较高的粘接强度、抗拉强度和抗压强度。另外，水玻璃硬化析出的硅酸凝胶还有堵塞毛细孔隙而防止水分渗透的作用。

（2）耐酸性好。硬化后的水玻璃，其主要成分是二氧化硅（SiO_2），具有高度的耐酸性能，能抵抗大多数无机酸和有机酸的作用。但其不耐碱性介质侵蚀。

（3）耐热性高。水玻璃不燃烧，硬化后形成二氧化硅（SiO_2）空间网状骨架，在高温下硅酸凝胶干燥得更加强烈，强度并不降低，甚至有所增加。

4. 水玻璃的应用

（1）用做涂料，涂刷材料表面。直接将液体水玻璃涂刷在建筑物表面，或涂刷烧结普通砖、硅酸盐制品、水泥混凝土等多孔材料，可使材料的密实度、强度、抗渗性、耐水性均得到提高。这是因为水玻璃与材料中的氢氧化钙 $[Ca(OH)_2]$ 反应生成硅酸钙凝胶，填充了材料间的孔隙。同时，硅酸钠本身硬化所析出的硅酸凝胶也有利于材料保护。选用不同的耐火填料，还可配制出具有不同耐热性的水玻璃耐热涂料。

（2）配制防水剂。以水玻璃为基料，配制防水剂，如四矾防水剂是以蓝矾（硫酸铜）、明矾（钾铝矾）、红矾（重铬酸钾）和紫矾（铬矾）各 1 份，溶于 60 份的沸水中，降温至 $50℃$，再投入 400 份水玻璃溶液中，搅拌均匀而成的。这种防水剂可以在 $1min$ 内凝结，适用于堵塞漏洞、缝隙等局部抢修。

（3）加固土壤。将模数为 $2.5 \sim 3$ 的液体水玻璃和氯化钙溶液通过金属管交替向地层压入，两种溶液发生化学反应，可析出吸水膨胀的硅酸胶体包裹土壤颗粒并填充其空隙，阻止水分渗透并使土壤固结。用这种方法加固的砂土，抗压强度可达 $3 \sim 6MPa$。

（4）配制水玻璃砂浆。将水玻璃、矿渣粉、砂和氟硅酸钠按一定比例配合成砂浆，可用于修补墙体裂缝。

（5）配制耐酸砂浆、耐酸混凝土、耐热混凝土。用水玻璃作为胶凝材料，选择耐酸集料，可配制满足耐酸工程要求的耐酸砂浆、耐酸混凝土；选择不同的耐热集料，可配制具有不同耐热性的水玻璃耐热混凝土。

1.3　木材

木材是建筑工程的主要材料之一，在水利、房屋、桥梁等工程中应用很广。

木材具有许多优良性能：质轻而强度高，有较高的弹性和韧度，导热性低；具有良好的装饰性，易加工；在干燥的空气中或长期置于水中有很高的耐久性等。木材也有缺点：构造不均匀；各向异性；容易吸收或散发水分，导致尺寸、形状及强度的变化，甚至引起裂缝和翘曲；保护不善，容易腐蚀和虫蛀；天生缺陷较多，影响材质；耐火性差，容易燃烧等。

森林是天然资源，对保护自然环境具有重要作用，建筑工程中大量使用木材与环境保护有很大矛盾，因此不仅要节约使用木材，研究和生产代用材料，而且应积极采用新技术、新工艺，扩大和寻求木材综合利用的新途径。

1.3.1　木材的构造

木材的构造是决定木材性能的重要因素。如图 1-3 所示，显示了树木的三个切面，即横切面（垂直于树轴的面）、径切面（通过树轴的纵切面）和弦切面（平行于树轴的纵切面）。木材在各个切面上的构造不同，具有各向异性。

树干由树皮、形成层、木质部（即木材）和髓心组成。从树干横截面的木质部上可看到环绕髓心的年轮，每一年轮一般由两部分组成：色浅的部分称早材，是在季节早期所生长，细胞较大，材质较疏；色深的部分称晚材，是在季节晚期所生长，细胞较小，材质较密。有些木材，在树干的中部颜色较深，称心材；在边部颜色较浅，称边材。针叶树材主要由管胞、木射线及轴向薄壁组织等组成，排列规则，材质较均匀。阔叶树材主要由导管、木纤维、轴向薄壁组织、木射线等组成，构造较复杂。

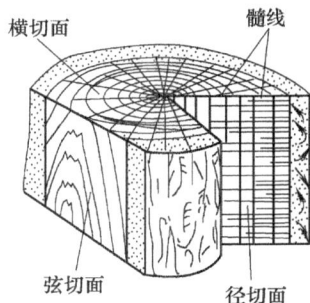

图 1-3　木材切面表示

由于组成木材的细胞是定向排列，形成顺纹和横纹的差别。横纹又可区别为与木射线一致的径向，以及与木射线相垂直的弦向。针叶树材一般树干高大，纹理通直，易加工，易干燥，开裂和变形较小，适用于结构用材。某些阔叶树材，质地坚硬、纹理色泽美观，适用于装修用材。

1.3.2　木材的物理力学性质

1. 木材的物理性质

（1）密度。指单位体积木材的质量。木材的质量和体积均受含水率影响。木材试样的烘干质量与其饱和水分时的体积、气干时的体积及炉干时的体积之比，分别称为气干密度、基本密度及炉干密度。木材密度随树种而异：大多数木材的气干密度为 $0.3 \sim 0.9 \mathrm{g/cm^3}$。密度大的木材，其力学强度一般较高。

（2）木材含水率。指木材中水的质量占烘干木材的质量的百分数。木材中的水分可分两部分：一部分存在于木材细胞的细胞壁内，称为吸附水；另一部分存在于细胞腔和细胞的间隙之间，称为自由水（游离水）。当吸附水达到饱和而尚无自由水时，称为纤维饱和点。木材的纤维饱和点因树种而有差异，在 23%～33% 之间。当含水率大于纤维饱和点时，水分对木材性质的影响很小；当含水率自纤维饱和点降低时，木材的物理和力学性质随之而变化。木材在大气中能吸收或蒸发水分，与周围空气的相对湿度和温度相适应而达到恒定的含水率，称为平衡含水率。木材平衡含水率随地区、季节及气候等因素而变化，在 10%～18% 之间。

（3）胀缩性。木材吸收水分后体积膨胀，失去水分则收缩。木材自纤维饱和点到炉干的干缩率，顺纹方向约为 0.1%，径向为 3%～6%，弦向为 6%～12%。径向和弦向干缩率的不同是木材产生裂缝和翘曲的主要原因。

2. 木材的力学性质

木材有很好的力学性质，但木材是有机各向异性材料，顺纹方向与横纹方向的力学性质有很大差别。木材的顺纹抗拉和抗压强度均较高，但横纹抗拉和抗压强度较低。木材强度还因树种而异，并受木材缺陷、荷载作用时间、含水率及温度等因素的影响，其中以木材缺陷及荷载作用时间两者的影响最大。因木节尺寸和位置不同、受力性质（拉或压）不同，有节木材的强度比无节木材可降低 30%～60%。在荷载长期作用下，木材的长期强度几乎只有瞬时强度的一半。

1.3.3　木材的分类

木材可分为针叶树材和阔叶树材两大类。杉木及各种松木、云杉和冷杉等是针叶树材；柞木、水曲柳、香樟、檫木及各种桦木、楠木和杨木等是阔叶树材。我国树种很多，因此各地区常用于工程的木材树种亦各异：东北地区主要有红松、落叶松（黄花松）、鱼鳞云杉、红皮云杉和水曲柳；长江流域主要有杉木和马尾松；西南、西北地区主要有冷杉、云杉和铁杉。

1.4　钢材

1.4.1　建筑钢材的特点

钢是由生铁冶炼而成的。理论上，凡含碳量在 2% 以下，含有害杂质较少的铁、碳合金称为钢。建筑钢材与其他建筑材料相比，具有较高的强度，能承受较大的弹性变形与塑性变形，能熔铸各种制品或轧制各种型材，因此被广泛应用于建筑工程中，是建筑中应用最大的金属材料。

1.4.2　碳素结构钢

根据《碳素结构钢》（GB/T 700—2006）规定，碳素结构钢的牌号由四个部分组成：屈服强度的字母（Q）、屈服强度数值（N/mm²）、质量等级符号（A、B、C、D）和脱氧程度符号（F、B、Z、TZ）。碳素结构钢的质量等级是按钢中硫、磷含量由多到少划分的，随

A、B、C、D 的顺序质量等级逐级提高。当为镇静钢或特殊镇静钢时，则牌号表示"Z"与"TZ"符号可予以省略。

按标准规定，我国碳素结构钢分为四个牌号，即 Q195、Q215、Q235 和 Q275，如 Q235—A·F，它表示：屈服强度为 235N/mm² 的平炉或氧气转炉冶炼的 A 级沸腾碳素结构钢。

建筑工程中常用的碳素结构钢牌号为 Q235，由于该牌号钢既具有较高的强度，又具有较好的塑性和韧度，焊接性也好，故能较好地满足一般钢结构和钢筋混凝土结构的用钢要求。Q195 和 Q215 号钢，虽塑性很好，但强度太低；而 Q275 号钢，其强度很高，但塑性较差，焊接性也差，所以均不适用。

Q235 号钢冶炼方便，成本较低，故在建筑中应用广泛。由于塑性好，在结构中能保证在超载、冲击、焊接、温度应力等不利条件下的安全；并适于各种加工，大量被用于轧制各种型钢、钢板及钢筋；其力学性能稳定，对轧制、加热、急剧冷却时的敏感性较小。其中，Q235—A 级钢，一般仅适用于承受静荷载作用的结构；Q235—C 和 Q235—D 级钢可用于重要焊接的结构。另外，由于 Q235—D 级钢含有足够的形成细晶粒结构的元素，同时对硫、磷有害元素控制严格，故其冲击韧度很好，具有较强的抗冲击、振动荷载的能力，尤其适宜在较低温度下使用。

Q195 和 Q215 号钢常用做生产一般使用的钢钉、铆钉、螺栓及钢丝等；Q275 号钢多用于生产机械零件和工具等。

1.4.3　低合金高强度结构钢

低合金高强度结构钢是在碳素结构钢的基础上添加少量的一种或多种合金元素（总含量＜5%）的一种结构钢。其目的是提高钢的屈服强度、抗拉强度、耐磨性、耐蚀性与耐低温性等，因而它是综合忹较为理想的建筑钢材，在大跨度、承重动荷载和冲击荷载的结构中更适用。此外，与使用碳素钢相比，可以节约钢材 20%～30%，而成本并不很高。

1. 低合金高强度结构钢的牌号及其表示方法

根据《低合金高强度结构钢》（GB 1591—2008）规定，我国低合金结构钢共有 8 个牌号，所加元素主要有锰、硅、钒、钛、铌、铬、镍及稀土元素。其牌号的表示由代表屈服强度字母 Q、屈服强度数值、质量等级（A、B、C、D、E 五级）三部分组成。

2. 低合金高强度结构钢的应用

低合金高强度结构钢主要用于轧制各种型钢（角钢、槽钢、工字钢）、钢板、钢管及钢筋，广泛用于钢结构和钢筋混凝土结构中，特别适用于各种重型结构、大跨度结构、高层结构及桥梁工程等；对用于大跨度和大柱网的结构，其技术经济效果更为显著。

1.4.4　建筑钢材的应用

建筑钢材是重要的建筑材料，它主要指用于钢结构中各种型材（如角钢、槽钢、工字钢、圆钢等）、钢板、钢管和用于钢筋混凝土结构中的各种钢筋、钢丝等。由于钢材在工厂生产中有较严格的工艺控制，因此质量通常能够得到保证。

建筑钢材具有一系列优良的性能：它有较高的强度，有良好的塑性和韧度，能承受冲击和振动荷载；可以焊接或铆接，易于加工和装配，所以被广泛地应用于建筑工程中。但钢材也存在易锈蚀及耐火性差的缺点。

目前，建筑结构大部分采用钢筋混凝土结构，少部分为钢结构。钢筋混凝土结构自重大；但用钢量少，成本较低。钢结构质量轻，施工方便；但易锈蚀，需定时维护，因而成本及维修费用大。

1.5 水泥

水泥，指加水拌和成塑性浆体后，能胶结砂、石等适当材料并能在空气和水中硬化的粉状水硬性胶凝材料。土木工程建筑通常采用的水泥主要有：硅酸盐水泥、普通硅酸盐水泥、矿渣硅酸盐水泥、火山灰质硅酸盐水泥、粉煤灰硅酸盐水泥和复合硅酸盐水泥，共称为我国的六大水泥。

硅酸盐水泥的分类与代号：硅酸盐水泥分两种类型，不掺加混合材料的，称Ⅰ型硅酸盐水泥，代号P·Ⅰ；在硅酸盐水泥熟料粉磨时掺加不超过总质量5％的石灰石或粒化高炉矿渣混合材料的，称Ⅱ型硅酸盐水泥，代号P·Ⅱ。其他的还有：普通硅酸盐水泥P·O；矿渣硅酸盐水泥P·S；火山灰质硅酸盐水泥P·P；粉煤灰硅酸盐水泥P·F；复合硅酸盐水泥P·C。

1.5.1 普通硅酸盐水泥

凡由硅酸盐水泥熟料、6％～15％的混合材料及适量石膏磨细制成的水硬性胶凝材料，称为普通硅酸盐水泥，简称普通水泥。

国家标准对普通硅酸盐水泥的技术要求有：

（1）细度。筛孔尺寸为 $80\mu m$ 的方孔筛的筛余不得超过10％，否则为不合格。

（2）凝结时间。初凝时间不得早于45min，终凝时间不得迟于10min。

（3）强度。硅酸盐水泥分为42.5、42.5R、52.5、52.5R 4个等级。

普通硅酸盐水泥由于混合材料掺量较少，其性质与硅酸盐水泥基本相同，略有差异，主要表现为：

1）早期强度略低。

2）耐蚀性稍好。

3）水化热略低。

4）抗冻性和抗渗性好。

5）抗炭化性略差。

6）耐磨性略差。

1.5.2 混合材料及掺混合材料的硅酸盐水泥

1. 混合材料

（1）定义。磨细水泥时掺入的人工或天然的矿物材料称为混合材料，分为活性混合材料和非活性混合材料。其作用是改善水泥的性能，增加品种，提高产量，节约熟料，降低成本，扩大水泥的使用范围。

活性混合材料：加水拌和本身并不硬化，但与石灰、石膏或硅酸盐水泥一起，加水拌和后能发生化学反应，生成有一定胶凝性的物质，且具有水硬性，这种混合材料称为活性混合材料。其主要成分为二氧化硅（SiO_2）、三氧化二铝（Al_2O_3）等。

活性混合材料具有火山灰性或潜在水硬性（激发剂一般为氢氧化钙［$Ca(OH)_2$］和石膏）。

常用活性混合材料有：

1）粒化高炉矿渣：主要化学成分为氧化钙（CaO）、二氧化硅（SiO_2）和三氧化二铝（Al_2O_3），具有潜在水硬性。

2）火山灰混合材：主要化学成分为二氧化硅（SiO_2）和三氧化二铝（Al_2O_3），具有火山灰性，有天然和人工两种。天然的有火山灰、凝灰岩、浮石等；人工的有煤矸石渣、烧页岩、烧黏土等。

3）粉煤灰等：主要化学成分为二氧化硅（SiO_2）和三氧化二铝（Al_2O_3），具有火山灰性。

非活性混合材料：不具活性或活性甚低的人工或天然的矿物质材料，经磨细，掺入水泥中不起化学作用，仅起调节水泥性质、降低水化热、降低强度、提高产量等作用的混合材料，称为非活性混合材料（又称填充性混合材料）。主要有磨细的石英砂、石灰石、黏土、慢冷矿渣、炉渣等，不符合技术要求的活性混合材料可作为非活性材料。

（2）应用。在硅酸盐水泥熟料中掺入适量的混合材料可制成六大品种的水泥，即硅酸盐水泥、普通硅酸盐水泥、矿渣硅酸盐水泥、火山灰硅酸盐水泥、粉煤灰硅酸盐水泥和复合水泥。

2. 普通硅酸盐水泥（代号 P·O）

（1）定义：凡由硅酸盐水泥熟料，再加入 6%～15% 的混合材料及适量石膏，经磨细制成的水硬性胶凝材料称为普通硅酸盐水泥。

在硅酸盐水泥的熟料中掺入 6%～15% 的混合材及适量石膏，经磨细得到普通水泥。普通水泥中活性材料的最大掺量不超过 15%，非活性材料的最大掺量不超过 10%。

（2）特性：早期强度略低于硅酸盐水泥，耐冻、耐磨性低于硅酸盐水泥，其他特性与硅酸盐水泥差不多，耐腐蚀性略优于硅酸盐水泥。

（3）强度等级：普通水泥分为 42.5、42.5R、52.5、52.5R 4 个强度等级。

3. 矿渣硅酸盐水泥（代号 P·S）

（1）定义：凡由硅酸盐水泥熟料、粒化高炉矿渣和适量石膏磨细制成的水硬性胶凝材料，称为矿渣硅酸盐水泥，简称矿渣水泥。粒化高炉矿渣掺量 20%～70%。

（2）特性：

1）密度：2.8～3.1g/cm³；堆积密度：1000～1200kg/m³，较硅酸盐略小，且颜色较淡。

2）凝结时间：初凝不得早于 45min，实际为 2～5h；终凝不得迟于 10h，实际为 5～9h。

3）早期强度低，后期强度增进率大；硬化时对湿热敏感性强；水化热低；具有较好的化学稳定性，耐溶出性侵蚀及耐硫酸盐侵蚀的能力较强；耐热性较强；干缩性较大，保水性差；泌水性较大；抗冻性和耐磨性较差，且抗干湿交替循环等性能也不如普通水泥；与钢筋的粘接较好，能防止钢筋锈蚀。

（3）强度等级：矿渣水泥是我国产量最大的水泥品种，分为六个强度等级：32.5、

32.5R、42.5、42.5R、52.5、52.5R。

4. 火山灰硅酸盐水泥（代号 P·P）

凡由硅酸盐水泥熟料和灰质混合材料、适量石膏磨细制成的水硬性胶凝材料，称为火山灰质硅酸盐水泥，简称火山灰水泥。火山灰质混合掺量：20％～50％。

火山灰硅酸盐水泥的特性与矿渣水泥较相似，且有其本身的特点，如抗渗性及耐水性高，抗裂性差等。

5. 粉煤灰硅酸盐水泥（代号 P·F）

凡由硅酸盐水泥熟料和粉煤灰、适量石膏磨细制成的水硬性胶凝材料，称为粉煤灰硅酸盐水泥，简称粉煤灰水泥。粉煤灰掺量：20％～40％。

粉煤灰水泥的凝结硬化过程与火山灰极为相似，但有其自身的特点，如干缩性较小、抗裂性好，配制的混凝土和易性较好等，见表1-1。

表 1-1 五种常用水泥的成分、特性和适用范围

	硅酸盐水泥	普通水泥	矿渣水泥	火山灰水泥	粉煤灰水泥
成分	水泥熟料及少量石膏	在硅酸盐水泥中掺加活性混合材料15％以下或非活性混合材料10％以下	在硅酸盐水泥中掺入20％～70％的粒化高炉矿渣	在硅酸盐水泥中掺入20％～50％的火山灰质混合材料	在硅酸盐水泥中掺入20％～40％的粉煤灰
特性	早期强度高；水化热较大；抗冻性较好；耐蚀性较差；干缩较小	与硅酸盐水泥基本相同	早期强度低，后期强度增长较快；水化热较低；耐蚀性较强；抗冻性差；干缩较大	早期强度低；后期强度增长较快；水化热较低；耐蚀性较强；抗渗性好；抗冻性差；干缩性大	早期强度低；后期强度增长较快；水化热较低；耐蚀性较强；抗冻性差；干缩性小；抗裂性较高
适用范围	一般土建工程中的钢筋混凝土结构；受反复冻融的结构；配制高强度混凝土	与硅酸盐水泥基本相同	高温车间和有耐热耐火要求的混凝土结构；大体积混凝土结构；蒸汽养护的构件；有耐硫酸盐侵蚀要求的工程	地下、水中大体积混凝土结构和有抗渗要求的混凝土结构；有耐硫酸盐侵蚀要求的工程	地上、地下及水中大体积混凝土构件；抗裂性要求较高的构件；有耐硫酸盐侵蚀要求的工程
不适用范围	大体积混凝土结构；受化学及海水侵蚀的工程	与硅酸盐水泥基本相同	早期强度要求高的工程；有抗冻要求的混凝土工程	处在干燥环境中的混凝土工程；其他同矿渣水泥	有抗碳化要求的工程；其他同矿渣水泥

1.5.3 特种水泥

特种水泥是为满足紧急抢修、冬期施工、海港和地下工程的特殊要求而生产的具有某种比较突出的性能的水泥。常用的有白色水泥、彩色硅酸盐水泥、快硬硅酸盐水泥、高铝水泥、膨胀水泥、耐硫酸盐硅酸盐水泥、道路水泥、中热硅酸盐水泥和低热矿渣硅酸盐水泥。

专用水泥指为了适应专门用途的水泥。常用的有：中热硅酸盐水泥、道路水泥、专用水泥、低热矿渣硅酸盐水泥、砌筑水泥、油井水泥。

1. 白色水泥

凡以适当成分的生料烧至部分熔融，所得以硅酸钙为主要成分、氧化铁含量很少的白色硅酸盐水泥熟料，再加入适量石膏共同磨细制成的水硬性胶凝材料称为白色硅酸盐水泥，简称白水泥。

制造时应严格控制水泥原料的铁含量，水泥中含铁量越高则水泥颜色越深。氧化铁含量（质量分数）（％）：0.35％～0.40％时为白色；0.45％～0.70％时为淡绿色；0.3％～0.40％时为暗灰色。

技术性质：强度：分为 32.5、42.5 和 52.5、62.5 四个强度等级；白度：分为特级、一级、二级、三级四个等级；细度：0.08mm 方孔筛筛余不得超过 10％；初凝时间不得早于45min，终凝时间不得迟于 12h，各龄期强度必须合格；体积安定性：用沸煮法检验必须合格。

2. 彩色硅酸盐水泥

将硅酸盐水泥熟料（白水泥熟料或普通水泥熟料）、适量石膏和碱性颜料共同磨细而成，即染色法。

白色和彩色硅酸盐水泥可用于下列装饰工程：

（1）用来配制彩色水泥浆，配制装饰混凝土。

（2）配制各种彩色砂浆用于装饰抹灰。

（3）制造各种色彩的水刷石、人造大理石及水磨石等制品。

3. 快硬硅酸盐水泥

凡以硅酸钙为主要成分的水泥熟料，加入适量石膏，经磨细制成的具有早期强度增进率较快的水硬性胶凝材料，称快硬硅酸盐水泥，简称快硬水泥。

（1）特性：凝结硬化快，早期强度增进率快。

强度：快硬水泥以 3d 强度确定其强度等级：32.5、37.5 和 42.5。

组成成分：适当增加了熟料中硬化快的矿物，即硅酸三钙（$3CaO \cdot SiO_2$）、铝酸三钙（$3CaO \cdot Al_2O_3$），同时适当增加石膏掺量并提高水泥的磨细度。其中，硅酸三钙（$3CaO \cdot SiO_2$）占 50％～60％，铝酸三钙（$3CaO \cdot Al_2O_3$）占 8％～14％，两者总量应不少于 60％～65％，石膏掺量 8％。

细度：0.08mm 方孔筛筛余不得超过 10％。

初凝：不得早于 45min；终凝：不得迟于 10h。

体积安定性：要求沸煮法合格。

（2）应用。主要用于配制早强混凝土，适用于紧急抢修工程和低温施工工程，以及制作预应力钢筋混凝土或高强度混凝土预制构件。

4. 高铝水泥

高铝水泥又称矾土水泥，是以铝矾土和石灰石为原料，经煅烧制得以铝酸钙为主要成分、氧化铝含量约 50％的熟料，再磨细制成的水硬性胶凝材料，称为高铝水泥（又称铝酸盐水泥）。

（1）技术要求

细度：0.08mm 方孔筛筛余不得超过 10％。

初凝：不得早于 40min；终凝：不得迟于 10h。

体积安定性：必须合格。

高铝水泥以 3d 强度确定其强度等级：42.5、52.5、62.5 和 72.5 四个强度等级。

（2）特点：快凝早强，1d 强度可达最高强度的 80％以上；水化热大且放热量集中，1d 内放出水化热总量的 70％～80％，使混凝土内部温度上升较高，故即使在 −10℃ 下施工，高铝水泥也能很快凝结硬化；耐硫酸盐性能很强，因其水化后无氢氧化钙生成；耐热性好，能耐 1300～1400℃ 高温；长期强度要降低，一般降低 40％～50％。

（3）应用。适用于紧急军事工程（筑路、桥）、抢修工程（堵漏等）和临时性工程，以及配制耐热混凝土（如高温窑炉炉衬等）；不能用于长期承重的结构及高温高湿环境中的工程。

5. 抗硫酸盐硅酸盐水泥

抗硫酸盐硅酸盐水泥，简称抗硫酸盐水泥，是以硅酸钙为主的特定矿物组成的熟料，加入适量石膏，磨细制成的具有一定抵抗硫酸盐侵蚀性能的水硬性胶凝材料。适当降低铝酸三钙（$3CaO \cdot Al_2O_3$）的含量，以铁铝酸四钙（$4CaO \cdot Al_2O_3 \cdot Fe_2O_3$）代替铝酸三钙（$3CaO \cdot Al_2O_3$），可提高水泥的抗侵蚀性。

抗硫酸盐水泥具有较高的抗硫酸盐侵蚀的性能，水化热较低，适用于受硫酸盐侵蚀的海港、水利设施、地下隧涵、引水设施、道路与桥梁基础等工程。

6. 道路硅酸盐水泥

道路硅酸盐水泥是由道路硅酸盐水泥熟料、0～10％活性混合材料和适量石膏，经磨细制成的水硬性胶凝材料。

道路硅酸盐水泥熟料中铝酸三钙的含量不得大于 5.0％，铁铝酸四钙的含量不得小于 16.0％。

道路硅酸盐水泥分为 32.5、42.5 和 52.5 三个强度等级，其早期强度较高，干缩值小，耐磨性好。适于修筑道路路面和飞机场地面，也可用于一般土建工程。

7. 中热硅酸盐水泥和低热矿渣硅酸盐水泥

中热硅酸盐水泥，简称中热水泥，是以适当成分的硅酸盐水泥熟料加入适量石膏，经磨细制成的具有中等水化热的水硬性胶凝材料，仅有 42.5 级。

低热矿渣硅酸盐水泥，是以适当成分的硅酸盐水泥熟料加入矿渣和适量石膏，经磨细制成的具有低水化热的水硬性胶凝材料，分为 32.5、42.5 两个强度等级。

中热硅酸盐水泥和低热矿渣硅酸盐水泥适用于要求水化热较低的大体积混凝土，如大坝、大体积建造物和厚大的基础等工程中，可以克服因水化热引起的温度应力而导致的混凝土破坏。

1.6 混凝土

凡由胶凝材料（胶结料），粗、细集料，水及其他材料，按适当的比例配合、拌和配制并硬化而成的具有所需的形体、强度和耐久性的人造石材，叫做混凝土，如水泥混凝土、沥青混凝土等。水泥混凝土简称混凝土，是以水泥为胶凝材料，砂、石为集料拌制而成的混凝土。

1.6.1　集料和水

通常所用的砂、石的强度要高于水泥石的强度，因此在混凝土中，砂、石起骨架作用，称为集料；主要起到限制混凝土的干缩，减少水泥的用量和水化热，降低成本，并提高混凝土的强度和耐久性的作用。

集料占混凝土总体积的 70%～80%；水泥石占 20%～30%，此外还有少量的气孔。细集料粒径为 0.15～4.75mm，粗集料粒径大于 4.75mm。

集料性能要求为有害杂质含量要少；具有良好的颗粒形状，适宜的颗粒级配和细度，表面粗糙，与水泥粘接牢固；性能稳定，坚固耐久。

混凝土拌和宜采用饮用水，不宜采用海水和生活污水；需检验后方可使用地表水和地下水，须按有关规范检验合格后才能使用。

1.6.2　混凝土拌合物的和易性强度和耐久性

混凝土拌合物的和易性也称工作性或工作度，是指混凝土拌合物易于施工，并能获得均匀密实结构的性质。为保证混凝土的质量，混凝土拌合物必须具有与施工条件相适应的和易性。混凝土拌合物的和易性包括以下 3 项含义：

（1）流动性。指混凝土拌合物在自重或机械振动作用下，易于产生流动、易于运输、易于充满混凝土模板的性质。一定的流动性可保证混凝土构件或结构的形状与尺寸，以及混凝土结构的密实性。流动性过小，不利于施工，并难以达到密实成形，易在混凝土内部造成孔隙或孔洞，影响混凝土的质量；流动性过大，虽然成形方便，但水泥浆用量大，不经济，且可能会造成混凝土拌合物产生离析和分层，影响混凝土的均质性。流动性是和易性中最重要的性质，对混凝土的强度及其他性质有较大的影响。

（2）黏聚性。指混凝土拌合物各组成材料具有一定的黏聚力，在施工过程中保持整体均匀一致的能力。黏聚性差的混凝土拌合物在运输、浇筑、成形等过程中，石子容易与砂浆产生分离，即易产生离析、分层现象，造成混凝土内部结构不均匀。黏聚性对混凝土的强度及耐久性有较大的影响。

（3）保水性。指混凝土拌合物在施工过程中保持水分的能力。保水性好可保证混凝土拌合物在运输、成形和凝结硬化过程中不发生大的或严重的泌水。泌水会在混凝土内部产生大量的连通毛细孔隙，成为混凝土中的渗水通道。上浮的水会聚集在钢筋和石子的下部，增加石子和钢筋下部水泥浆的水灰比，形成薄弱层（即界面过渡层），严重时会在石子和钢筋的下部形成水隙或水囊（即孔隙或裂纹），从而严重影响它们与水泥石之间的界面粘接。上浮到混凝土表面的水，会极大地增加表面层混凝土的水灰比，造成混凝土表面疏松，若继续浇筑混凝土，则会在混凝土内形成薄弱的夹层。保水性对混凝土的强度和耐久性有较大的影响。

耐久性是指混凝土抵抗介质作用并长期保持其良好使用性能和外观完整性，从而维持混凝土结构的安全和正常使用的能力。

耐久性是一个综合性的指标，包括抗渗性、抗冻性、耐磨性、耐侵蚀性、混凝土的碳化及混凝土的碱-集料反应等性能。

1. 抗渗性

指混凝土在有压水、油等液体作用下，抵抗渗透的能力。用抗渗等级（S）表示，有

S4、S6、S8、S10、S12 等五个等级。混凝土产生渗透是由于其内部存在贯穿孔隙、毛细管和孔洞、蜂窝等。提高混凝土抗渗性的措施有降低水灰比，采用减水剂，选用致密、干净、级配良好的集料。

2. 抗冻性

抗冻性用抗冻等级表示，抗冻等级是按规范规定的试验进行反复冻融循环，以同时满足强度损失率不超过 25%、质量损失率不超过 5%时的循环次数，它分为 F10、F15、F25、F50、F100、F150、F200、F250、F300 等九个抗冻等级（抗冻等级≥F50 的混凝土为抗冻混凝土）。提高混凝土抗冻性的关键是提高混凝土的密实度，可采取减小水灰比、掺加引气剂等措施。

3. 耐磨性

指混凝土抵抗机械磨损的能力。影响混凝土耐磨性的主要因素是混凝土的表面光滑程度、水泥品种、石子硬度等。

4. 耐侵蚀性

混凝土的耐侵蚀性主要取决于其所用水泥的品种及混凝土的密实度。提高混凝土耐侵蚀性的主要措施是合理选用水泥品种，降低水灰比，提高混凝土的密实度及尽量减少混凝土中的开口孔隙。

5. 混凝土的碳化

混凝土的碳化是指混凝土内水泥石中的氢氧化钙 $[Ca(OH)_2]$ 与空气中的二氧化碳（CO_2）相遇时发生化学反应，生成碳酸钙（$CaCO_3$）和水（H_2O）。

有利影响是提高混凝土的密实度，对提高抗压强度有利；不利影响是减弱了对钢筋的保护作用。混凝土的碳化增加了混凝土的收缩，降低混凝土的抗拉、抗折强度及抗渗能力。

影响混凝土碳化的因素有二氧化碳的含量、环境湿度、水泥品种、水灰比等。二氧化碳的含量越高，碳化速度越快。环境中湿度在 50%～75%时，碳化速度最快；湿度小于 25%或大于 100%时，碳化作用将停止。

可采取的措施有合理选用水泥品种；使用减水剂，提高混凝土的密实度；采用水灰比小、单位水泥用量较大的混凝土配合比；在混凝土表面涂刷保护层，防止二氧化碳侵入；加强施工质量控制，加强养护，保证振捣质量。

6. 混凝土的碱-集料反应

碱-集料反应是指水泥中的碱氧化钠（Na_2O）、氧化钾（K_2O）与集料中的活性二氧化硅发生反应，在集料表面生成复杂的碱-硅酸凝胶，吸水体积膨胀（可增大 3 倍以上），从而导致混凝土产生膨胀开裂而破坏，这种现象称为碱-集料反应。

碱-集料反应必须具备的三个条件：①水泥中碱含量高，（氧化钠（Na_2O）＋0.658 氧化钾（K_2O））%大于 0.6%；②集料中含有活性二氧化硅成分，此类岩石有流纹岩、玉髓等。③有水的存在。

碱-集料反应速度极慢，但造成的危害很大，且无法弥补，其危害需几年或几十年才表现出来。通常用长度法来确定，如 6 个月试块的膨胀率超过 0.05%或 1 年中超过 0.1%，则这种集料认为具有活性。

提高混凝土耐久性的措施有合理选择水泥品种；适当控制混凝土的水灰比和水泥用量；选用品种良好，级配合格的集料；掺外加剂；保证混凝土的施工质量。

1.6.3　装饰混凝土

装饰混凝土是指表面具有线形、纹理、质感、色彩等装饰效果的混凝土。装饰混凝土可以减少现场装修作业、缩短工期，广泛用于预制外墙板、现浇墙体及各种混凝土砌块的饰面。装饰混凝土饰面效果图如图 1-4 所示。

a)

b)

图 1-4　装饰混凝土饰面效果

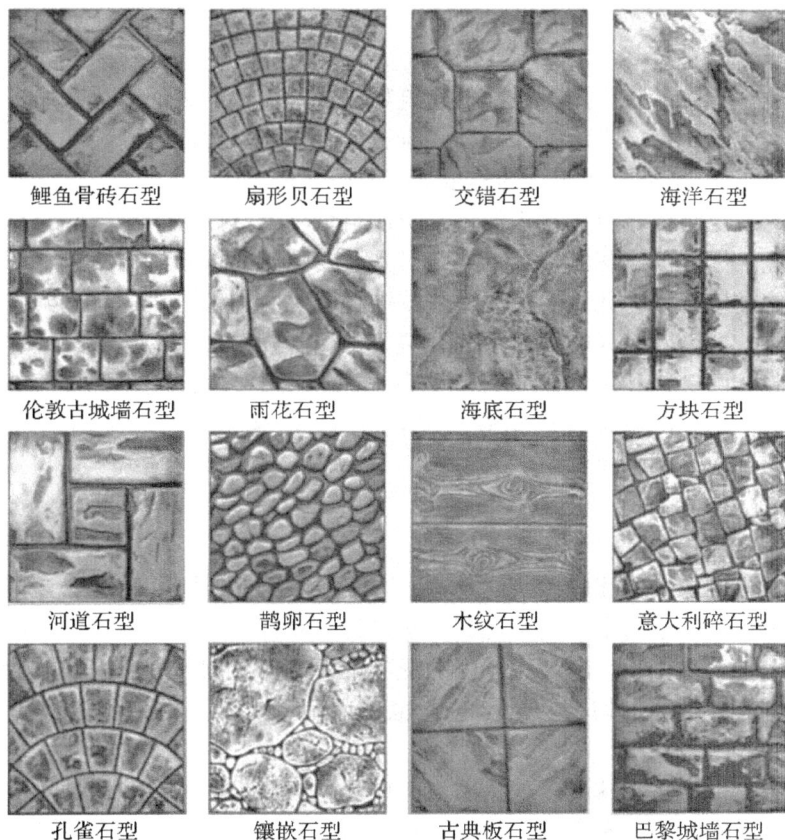

鲤鱼骨砖石型	扇形贝石型	交错石型	海洋石型
伦敦古城墙石型	雨花石型	海底石型	方块石型
河道石型	鹅卵石型	木纹石型	意大利碎石型
孔雀石型	镶嵌石型	古典板石型	巴黎城墙石型

图 1-5　装饰混凝土系列样板

装饰混凝土分为清水装饰混凝土和露集料装饰混凝土：

（1）清水装饰混凝土，又称装饰混凝土，因其极具装饰效果而得名。它属于一次浇筑成形，不做任何外装饰，直接采用现浇混凝土的自然表面效果作为饰面，因此不同于普通混凝土。其表面平整光滑，色泽均匀，棱角分明，无碰损和污染，只是在表面涂一层或两层透明的保护剂，显得十分天然、庄重。

（2）露集料装饰混凝土。是将混凝土表面的水泥浆膜剥离，露出粗、细集料。根据水泥、砂或不同粗集料的品种，其表层剥离后可显示不同的色彩和质感。装饰混凝土系列样板如图1-5所示。

1.7　砂浆

砂浆是由胶结料、细集料、掺加料和水按照适当比例配制而成的建筑材料。

1.7.1　砂浆的组成、分类及性能

砂浆的分类
（1）按用途分类：砌筑砂浆、抹面砂浆。
（2）按所用的胶结材料分类：水泥砂浆、石灰砂浆、水泥石灰混合砂浆。

1.7.2　抹面砂浆

抹面砂浆也称抹灰砂浆，用以涂抹在建筑物或建筑构件的表面，兼有保护基层、满足使用要求和增加美观的作用。常用的抹面砂浆有石灰砂浆、水泥混合砂浆、水泥砂浆、麻刀石灰浆（简称麻刀灰）、纸筋石灰浆（简称纸筋灰）等。

抹面砂浆的主要组成材料仍是水泥、石灰或石膏、天然砂等，对这些原材料的质量要求同砌筑砂浆。但根据抹面砂浆的使用特点，对其主要技术要求不是抗压强度，而是和易性及其与基层材料的粘接力，为此常需多用一些胶结材料，并加入适量的有机聚合物以增强粘接力。另外，为减少抹面砂浆因收缩而引起开裂，常在砂浆中加入一定量的纤维材料。

工程中配制抹面砂浆和装饰砂浆时，常在水泥砂浆中掺入占水泥质量10％左右的聚乙烯醇缩甲醛胶（俗称107胶）或聚醋酸乙烯乳液等。砂浆常用的纤维增强材料有麻刀、纸筋、稻草、玻璃纤维等。

1.7.3　防水砂浆

防水砂浆是具有防水功能的砂浆的总称，砂浆防水层又叫刚性防水层，主要是依靠防水砂浆本身的憎水性和砂浆的密实性来达到防水目的。其特点是取材容易、成本低、施工易于掌握。一般适用于不受振动、有一定刚度的混凝土或砖、石砌体的迎水面或背水面；不适用于变形较大或可能发生不均匀沉降的部位，也不适用于有腐蚀的高温工程及反复冻融的砖砌体。

砂浆防水一般称为防水抹面，根据防水机理不同可分为两种：一种是防水砂浆是高压喷枪机械施工，以增强砂浆的密实性，达到一定的防水效果；另一种是人工进行抹压的防水砂浆，主要依靠掺加外加剂（减水剂、防水剂、聚合物等）来改善砂浆的抗裂性与提高水泥砂

浆密实性。具体又可分为刚性多层抹面防水层（即普通水泥砂浆防水层）、掺无机盐防水剂的水泥砂浆防水层、聚合物水泥砂浆防水层和膨胀水泥与无收缩水泥砂浆防水层。

1.7.4　装饰砂浆

装饰砂浆是指用做建筑物饰面的砂浆，装饰砂浆效果图如图 1-6 所示。它是在抹面的同时，经各种加工处理而获得特殊的饰面形式，以满足审美需要的一种表面装饰。

装饰砂浆饰面可分为两类，即灰浆类饰面和石渣类饰面。

灰浆类饰面是通过水泥砂浆的着色或水泥砂浆表面形态的艺术加工，获得一定色彩、线条、纹理质感的表面装饰。

石渣类饰面是在水泥砂浆中掺入各种彩色石渣作集料，配制成水泥石渣浆抹于墙体基层表面，然后用水洗、斧剁、水磨等手段除去表面的水泥浆皮，呈现出石渣颜色及其质感的饰面。

装饰砂浆所用胶凝材料与普通抹面砂浆基本相同，只是灰浆类饰面更多地采用白水泥和彩色水泥。

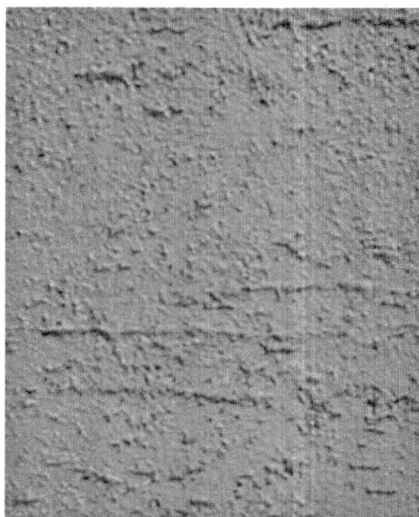

图 1-6　装饰砂浆效果

1.8　墙体材料

用于墙体的材料是建筑工程中最重要的材料之一，用于墙体的材料主要有砖、砌块和板材三类。墙体砖按所用原料不同分为烧结普通砖和废渣砖（如页岩砖、灰砂砖、煤矸石砖、粉煤灰砖、炉渣砖等）；按生产方式不同分为烧结砖和非烧结砖；按砖的外形不同分为普通砖（实心砖）、多孔砖及空心砖。砌块有混凝土砌块、蒸压加气混凝土砌块、粉煤灰硅酸盐砌块等。板材有混凝土大块、玻纤水泥板、加气混凝土板、石膏板及各种复合墙板等。

1.8.1　砖与砌块

1. 砖

建筑用的人造小型块材，分为烧结普通砖和非烧结砖（灰砂砖、粉煤灰砖等），俗称砖头。烧结普通砖以黏土（包括页岩、煤矸石等粉料）为主要原料，经泥料处理、成形、干燥和焙烧而成。普通砖的尺寸为 $240mm \times 115mm \times 53mm$，按抗压强度（$N/mm^2$）的大小分为 MU30、MU25、MU20、MU15、MU10、MU7.5 六个强度等级。烧结普通砖就地取材，价格便宜，经久耐用，还有防火、隔热、隔声、吸潮等优点，在土木建筑工程中曾使用广泛，废碎砖块还可作为混凝土的集料；但其砖块小、自重大、毁坏农田、污染环境等的缺点，国家已明令禁止生产和使用。灰砂砖以适当比例的石灰和石英砂、砂或细砂岩，经磨细、加水拌和、半干法压制成形并经蒸压养护而成。粉煤灰砖以粉煤灰为主要原料，掺入煤矸石粉或黏土等胶结材料，经配料、成形、干燥和焙烧而成，可充分利用工业废渣，节约燃料。

(1) 标准砖的规格为 240mm×115mm×53mm，包括 10mm 厚灰缝，其长、宽、厚之比为 4∶2∶1。

(2) 墙的厚度：砖墙的厚度习惯上以砖长为基数来称呼，如半砖墙、一砖墙、一砖半墙等。砖墙的筑砌方式如图 1-7 所示，墙厚尺寸如图 1-8 所示。

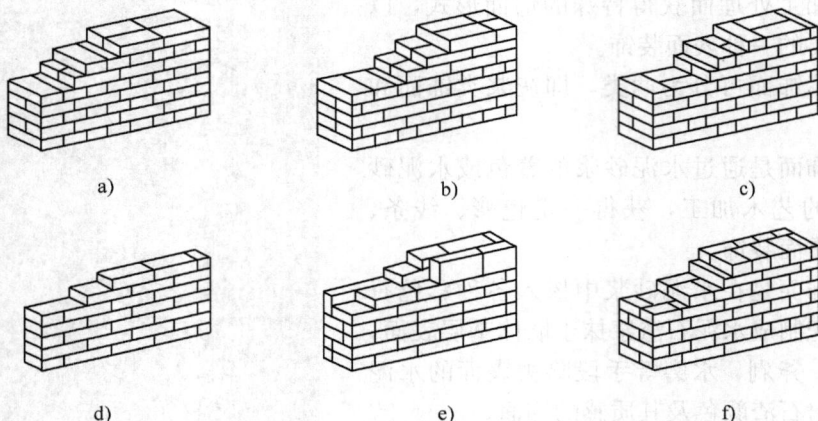

图 1-7　砖墙的筑砌方式

a) 240mm 砖墙，一顺一丁式　b) 240mm 砖墙，多顺一丁式　c) 240mm 砖墙，十字式
d) 120mm 砖墙　e) 180mm 砖墙　f) 370mm 砖墙

图 1-8　墙厚尺寸

a) "12 墙"　b) "18 墙"　c) "24 墙"　d) "37 墙"　e) "49 墙"

2. 砌块

砌块是利用混凝土、工业废料（炉渣、粉煤灰等）或地方材料制成的人造块材，外形尺寸比砖大，具有设备简单和砌筑速度快的优点，符合了建筑工业化发展中墙体改革的要求。

砌块按尺寸和质量的大小不同分为小型砌块、中型砌块和大型砌块。砌块系列中主规格的高度在 115～380mm 的称为小型砌块，高度为 380～980mm 的称为中型砌块，高度大于 980mm 的称为大型砌块。实际施工中以中、小型砌块居多。

砌块按外观形状可以分为实心砌块和空心砌块。空心砌块有单排方孔、单排圆孔和多排扁孔三种形式，其中多排扁孔对保温较有利。按砌块在组砌中的位置与作用可以分为主砌块和各种辅助砌块。

根据材料不同，常用的砌块有普通混凝土与装饰混凝土小型空心砌块、轻集料混凝土小型空心砌块、粉煤灰小型空心砌块、蒸汽加气混凝土砌块和石膏砌块。吸水率较大的砌块不能用于长期浸水、经常受干湿交替或冻融循环的建筑部位。

　　砌块效果图分别如图 1-9 所示的陶粒砌块，如图 1-10 所示的加气混凝土砌块，如图1-11所示的混凝土空心砌块和如图 1-12 所示的轻质石膏砌块。

图 1-9　陶粒砌块

图 1-10　加气混凝土砌块

图 1-11　混凝土空心砌块

图 1-12　轻质石膏砌块

1.8.2　墙体材料常用块材及墙板

　　随着建筑结构体系的改革和大开间多功能框架结构的发展，各种轻质和复合墙用板材也发展迅速。以板材为围护墙体的建筑体系，具有质轻，节能，施工方便快捷，使用面积大，开间布置灵活等特点，因此具有良好的发展前景。

　　我国目前可用于墙体的板材品种很多，有承重用的预制混凝土大板；质量较轻的石膏板和加气硅酸盐板；各种植物纤维板及轻质多功能复合板材等。

1. 水泥类墙用板材

　　水泥类墙用板材具有较好的力学性能和耐久性，生产技术成熟，产品质量可靠。可用于承重墙、外墙和复合墙板的外层面。水泥类墙用板材的主要缺点是表观密度大，抗拉强度低（大板在起吊过程中易受损）。生产中可制作预应力空心板材，以减轻自重和改善隔声、隔热性能；也可制作以纤维等增强材料组成的薄型板材；还可在水泥类板材上制作成具有装饰效果的表面层（如花纹线条装饰、露集料装饰、着色装饰等）。

2. 石膏类墙用板材

石膏制品有许多优点，石膏类板材在轻质墙体材料中占有很大比例，有纸面石膏板、无面纸的石膏纤维板、石膏空心板和石膏刨花板等。

（1）纸面石膏板。该板材是以石膏芯材及与其牢固结合在一起的护面纸组成，分为普通型、耐水型和耐火型三种。以建筑石膏及适量纤维类增强材料和外加剂为芯材，与具有一定强度的护面纸组成的石膏板为普通纸面石膏板，如图 1-13 所示；若在芯材配料中加入防水、防潮外加剂，并使用耐水护面纸，即可制成耐水纸面石膏板；若在配料中加入无机耐火纤维等，即可制成耐火纸面石膏板。

（2）石膏纤维板。该板材是以纤维增强石膏为基材的无面纸石膏板，如图 1-14 所示。用无机纤维或有机纤维与建筑石膏、缓凝剂等经打浆、铺装、脱水、成形、烘干而制成。可节省护面纸，具有质轻、高强度、耐火、隔声、韧性高的性能，可加工性好。其尺寸规格和用途与纸面石膏板相同。

图 1-13　纸面石膏板

图 1-14　石膏纤维板

（3）石膏空心板。该板外形与生产方式类似于水泥混凝土空心板，如图 1-15 所示。它是以熟石膏为胶凝材料，适量加入各种轻质集料（如膨胀珍珠岩、膨胀蛭石等）和改性材料（如矿渣、粉煤灰、石灰、外加剂等），经搅拌、振动成形、抽芯及干燥而成。其长度为 2500～3000mm，宽度为 500～600mm，厚度为 60～90mm。该板生产时不用纸，不用胶；安装墙体时不用龙骨；设备简单，较易投产。具有质轻，比强度高，隔热，隔声，防火，可加工性好等优点，且安装方便。适用于各类建筑的非承重内隔墙，但若用于相对湿度大于 70% 的环境中，则板材表面应进行防水等相应处理。

（4）石膏刨花板。该板材是以熟石膏为胶凝材料，木质刨花为增强材料，添加所需的辅助材料，经配合、搅拌、铺装、压制而成，如图 1-16 所示。具有上述石膏板材的优点，适用于非承重内隔墙和用做装饰板材的基材板。

图 1-15　石膏空心板

图 1-16　石膏刨花板

1.9　塑料

塑料是指以合成树脂或天然树脂为主要原料，加入或不加入添加剂，在一定温度、压力下，经混炼、塑化、成形，且在常温下保持制品形状不变的材料。

装饰塑料是指用于室内装饰装修工程的各种塑料及其制品。

1.9.1　塑料的特性及组成

1. 塑料的特性

塑料之所以在装饰装修中得到广泛应用，是因为它具有如下特性：

（1）优点

1）加工性能好。塑料可以根据使用要求加工成多种形状的产品，且加工工艺简单，宜于采用机械化大规模生产。

2）质轻。塑料的密度在 $0.8\sim2.2\mathrm{g/cm^3}$ 之间，一般只有钢的 $1/3\sim1/4$，铝的 $1/2$，混凝土的 $1/3$，与木材相近。用于装饰装修工程，可以减轻施工强度和降低建筑物的自重。

3）比强度大。塑料的比强度远高于水泥混凝土，接近甚至超过了钢材，属于一种质量轻、性能强的材料。

4）热导率小。塑料的热导率很小，为金属的 $1/500\sim1/600$；泡沫塑料的热导率只有 $0.02\sim0.046\mathrm{W/(m\cdot K)}$，约为金属的 $1/1500$，水泥混凝土的 $1/40$，烧结普通砖的 $1/20$，是理想的绝热材料。

5）化学稳定性好。塑料对一般的酸、碱、盐及油脂有较好的耐腐蚀性，比金属材料和一些无机材料好得多。特别适合做化工厂的门窗、地面、墙体等。

6）电绝缘性好。一般塑料都是电的不良导体，其电绝缘性可与陶瓷、橡胶媲美。

7）性能设计性好。可通过改变配方，加工工艺，制成具有各种特殊性能的工程材料。如高强的碳纤维复合材料，隔声、保温复合板材，密封材料，防水材料等。

8）富有装饰性。塑料可以制成透明的制品，也可制成各种颜色的制品，而且色泽美观、耐久，还可用先进的印刷、压花、电镀及烫金技术制成具有各种图案、花型和表面立体感、金属感的制品。

9）有利于建筑工业化。许多建筑塑料制品或配件都可以在工厂生产，然后现场装配，可大大提高施工的效率。

（2）缺点

1）易老化。塑料制品的老化是指制品在阳光、空气、热及环境介质中如酸、碱、盐等作用下，分子结构产生递变，增塑剂等组分挥发，化合键产生断裂，从而带来力学性能下降，甚至发生硬脆、破坏等现象。

2）易燃。塑料不仅可燃，而且在燃烧时发烟量大，甚至产生有毒气体。但通过改进配方，如加入阻燃剂和无机填料等，也可制成自熄、难燃的甚至不燃的产品。

3）耐热性差。塑料一般都具有受热变形，甚至产生分解的问题，在使用中要注意其限制温度。

4）刚度小。塑料是一种黏弹性材料，弹性模量低，只有钢材的 $1/10 \sim 1/20$，且在荷载的长期作用下易产生蠕变，即随着时间的延续变形增大；同时，温度越高，变形增大越快，因此用于承重结构应慎重。但塑料中的纤维增强等复合材料以及某些高性能的工程塑料，其强度却得到极大提高，甚至可超过钢材。

2. 塑料的组成

塑料按组成成分的多少，可分为单组分塑料和多组分塑料。单组分塑料仅含合成树脂，如"有机玻璃"就是由一种被称为聚甲基丙烯酸甲酯的合成树脂组成；多组分塑料除含有合成树脂外，还含有填充料、增塑剂、固化剂、着色剂、稳定剂及其他添加剂。建筑装饰上常用的塑料制品一般都属于多组分塑料。

1.9.2 建筑塑料的常用品种

1. 聚乙烯（PE）塑料

聚乙烯塑料由乙烯单体聚合而成。单体，是能起聚合反应而生成高分子化合物的简单化合物。按单体聚合的方法，可分为高压法、中压法和低压法三种。随聚合方法的不同，产品的结晶度和密度也不同，高压聚乙烯的结晶度低、密度小；低压聚乙烯结晶度高，密度大。随结晶度和密度的增加，聚乙烯的硬度、软化点和强度等随之增加，而冲击韧度和伸长率则下降。聚乙烯塑料具有较高的化学稳定性和耐水性，强度虽不高，但低温柔韧度大。掺加适量炭黑，可提高聚乙烯的抗老化性能。

2. 聚氯乙烯（PVC）塑料

聚氯乙烯塑料由氯乙烯单体聚合而成，是建筑上常用的一种塑料。聚氯乙烯的化学稳定性高，抗老化性好。但耐热性差，在 100℃ 以上会分解、变质而破坏，通常使用温度应在 $60 \sim 80℃$ 以下。根据增塑剂掺量的不同，可制得硬质或软质聚氯乙烯塑料。

3. 聚苯乙烯（PS）塑料

聚苯乙烯塑料由本乙烯单体聚合而成。聚苯乙烯塑料的透光性好，易于着色，化学稳定性高、耐水、耐光，成形加工方便，价格较低。但聚苯乙烯性脆，冲击韧度差，耐热性低，易燃，使其应用受到一定限制。

4. 聚丙烯（PP）塑料

聚丙烯塑料由丙烯单体聚合而成。聚丙烯塑料的特点是质轻（密度为 0.90g/cm^2），耐热性较高（$100 \sim 120℃$），刚性、延性和抗水性均好。不足之处是低温脆性较显著，耐大气性差，故适用于室内。近年来，聚丙烯的生产发展较迅速，聚丙烯已与聚乙烯、聚氯乙烯等共同成为建筑塑料的主要品种。

5. 聚甲基丙烯酸甲酯（PMMA）

由甲基丙烯酸甲酯加聚而成，俗称有机玻璃。它的透光性好，低温强度高，吸水性低，耐热性和抗老化性好，成形加工方便。缺点是耐磨性差，价格较贵。

6. 聚酯树脂（PR）

聚酯树脂由二元或多元醇和二元或多元酸缩聚而成。其中的酚醛树脂的粘接强度高，耐光、耐水、耐热、耐腐蚀，电绝缘性好，但性脆。在酚醛树脂中掺加填料、固化剂等可制成酚醛塑料制品，这种制品表面光洁，坚固耐用，成本低，是最常用的塑料品种之一。

7. 有机硅树脂（OR）

有机硅树脂由一种或多种有机硅单体水解而成。有机硅树脂耐热、耐寒、耐水、耐化学腐蚀，但力学性能不佳，粘接力不强。用酚醛、环氧、聚酯等合成树脂或用玻璃纤维、石棉等增强，可提高其力学性能和粘接力。

1.9.3　建筑塑料制品的应用

（1）塑料型材

1）塑料地板。塑料地板效果如图 1-17 所示。

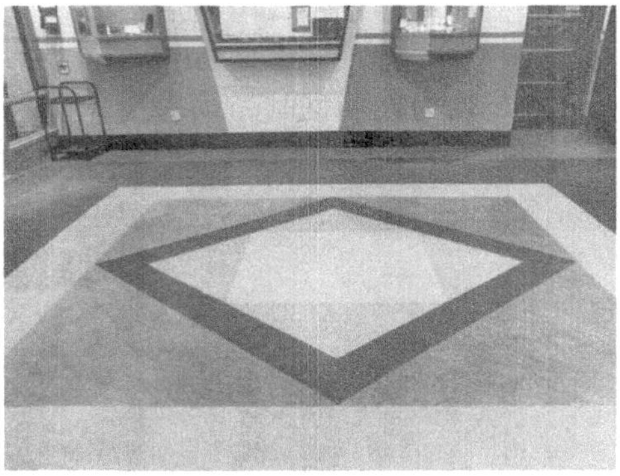

图 1-17　塑料地板效果

为了保护人民的身体健康，《室内装饰装修材料聚氯乙烯卷材地板中有害物质限量》（GB 18586—2001）中除规定禁止使用铅盐做稳定剂外，在标准限量指标上也着重控制氯乙烯单体、铅、镉的含量和有机化合物的挥发总量，具体指标见表 1-2。

表 1-2　聚乙烯卷材地板中有害物质限量值

	发泡类卷材地板		非发泡类卷材地板	
	玻璃纤维基材	其他基材	玻璃纤维基材	其他基材
挥发物限量/(g/m²)	≤75	≤35	≤40	≤10
氯乙烯单体/(g/m²)	≤5			
可溶性铅/(g/m²)	≤20			
可溶性镉/(g/m²)	≤20			

2）塑料门窗。目前的塑料门窗多采用改性硬质聚氯乙烯，以轻质碳酸钙为填料，并加入适量的各种添加剂，经混炼、挤出成形为内部带有空腔的异型材，以这种异型材为门窗框

材，经切割、组装而成。如图 1-18 所示为塑料窗效果，如图 1-19 所示为塑料门效果。

3）塑料墙纸。塑料墙纸效果如图 1-20 所示。

图 1-18　塑料窗效果　　　　图 1-19　塑料门效果　　　　图 1-20　塑料墙纸效果

4）玻璃钢制品。图 1-21a、b 均为玻璃钢制品效果。

a)　　　　　　　　　　b)

图 1-21　玻璃钢制品效果

（2）塑料管材

1）硬质聚氯乙烯（UPVC）塑料管。

2）聚乙烯（PE）塑料管。

3）聚丙烯（PP）塑料管和 PPR 塑料管。

4）其他塑料管：（丙烯腈-丁二烯-苯乙烯共聚物 ABS）塑料管；聚丁烯（PB）塑料管；玻璃钢（GRP）管；复合塑料管。

1.10　装饰材料

建筑装饰材料一般是指主体结构工程完成后，进行室内外墙面、顶棚、地面和室内空间装饰装修所需要的材料。

1.10.1　建筑装饰材料的分类、功能及发展趋向

对装饰材料的基本要求是，装饰材料应具有装饰功能、保护功能及其他特殊功能。

1. 装饰功能

一个建筑物的内外装饰是通过装饰材料的质感、线条和色彩来表现的。根据建筑物的特点以及对外观效果、室内美化和使用功能的要求，选用性质不同的装饰材料或对一种装饰材料采用不同的施工方法，就可使建筑物获得所需要的色彩、色调，从而满足所要求的装饰效果。

2. 保护功能

建筑物外墙结构材料直接受到风吹、日晒、雨淋、霜雪和冰雹的袭击，以及腐蚀气体和微生物的作用，耐久性受到威胁；内墙材料同样在水汽、阳光、磨损等作用下也会损坏（金属材料会锈蚀，木材会腐朽）。选用性能适当的装饰材料，能有效地保护建筑物主体，提高建筑的耐久性，降低维修费用。

装饰材料除了有装饰和保护功能外，还有改善室内使用条件（如光线、温度、湿度）、吸声、吸湿、隔声、防灰等功能。

1.10.2　装饰混凝土及彩色混凝土

装饰混凝土是指表面具有线形、纹理、质感、色彩等装饰效果的混凝土。彩色混凝土是一种防水、防滑、防腐的绿色环保地面装饰材料，是在未干的水泥地面上加上一层彩色混凝土（装饰混凝土），然后用专用的模具在水泥地面上压制而成。彩色混凝土能使水泥地面永久地呈现各种色泽、图案、质感，逼真地模拟自然的材质和纹理，可任意地勾画各类图案，而且愈久弥新，使人们轻松地实现建筑物与人文环境、自然环境和谐相处，融为一体的理想。

彩色混凝土适用于装饰室内外水泥基等多种材质的地面、墙面和景点，如园林、广场、酒店、写字楼、居家、人行道、车道、停车场、车库、建筑外墙、屋面以及各种公用场所或旧房装饰改造工程，同时可根据业主需要开发出独特而适用的彩色艺术混凝土制品及浮雕。彩色混凝土装饰效果分别如图 1-22 和图 1-23 所示。

图 1-22　彩色混凝土艺术地坪

图 1-23　彩色混凝土浮雕

1.10.3　建筑饰面石材

建筑饰面石材分为两大类：一类为天然石材，包括大理石（含板石）、花岗石；另一类为人造石材。

大理石是广义的大理石称呼，大理石是变质岩，具有致密的隐晶结构，硬度中等，为碱性岩石。有纯色和花斑两大系列，其中的花斑系列为斑驳状纹理，品种多色泽鲜艳，材质细腻。由于大理石的组成矿物为方解石或白云石，为碱性岩石，抗风化性能和耐酸性能较差，除极少数杂质含量少、性能稳定的大理石（如汉白玉、艾叶青等）外，磨光大理石板材一般不宜用于建筑物的外立面、其他露天部位的室外装修以及与酸有接触的地面装饰工程，否则受酸侵蚀导致表面失去光泽，甚至起粉、出现斑点等，影响装饰效果。

花岗石是广义的花岗石称呼，指具有装饰效果，且可以磨平、抛光的各类火成岩。花岗石具有全晶质结构，是酸性岩石，硬石材。外观常呈整体均粒状结构，具有色泽和深浅不同的斑点状花纹。花岗石耐火性较差，当燃烧温度达到 573℃ 和 870℃ 时，花岗石中所含的石英产生晶型转变，导致石材爆裂，强度下降。某些花岗石含有对人体健康有危害的放射性元素。

人造石材分为水泥型人造石材、聚酯型人造石材、复合型人造石材、烧结型人造石材、微晶玻璃型人造石材等。以水泥为胶结材料制成的人造石材有水磨石、花阶砖、人造艺术石、人造大理石等。微晶玻璃型人造石材又称微晶板、微晶石，是由玻璃相和结晶相组成的质地坚实致密而均匀的复相材料，它具有大理石的柔和光泽、色差小、颜色多、装饰效果好、机械强度高、硬度高、耐磨、吸水率极低、抗冻、耐污染、耐风化、耐酸碱、耐腐蚀、热稳定性和电绝缘性良好的优点。可制成平板和曲板。

1.10.4　釉面砖和墙地砖

1. 釉面砖

釉面内墙砖是用于室内墙面装饰的精陶薄片状制品，其表面釉层具有多种色彩或图案，主要品种及特性见表 1-3。

表 1-3　内墙砖的主要品种及特点

种　类		代号	特　点　说　明
白色釉面砖		F，J	色纯白，釉面光亮，粘贴于墙面，清洁大方
彩色釉面砖	有光彩色釉面砖	YG	釉面光亮晶莹，色彩丰富，雅致
	无光彩色釉面砖	SHG	釉面半无光，不晃眼，色泽一致，柔和
装饰釉面砖	花釉砖	HY	是在同一砖上施以多种彩釉，经高温烧成。色釉互相渗透，花纹千姿百态，有良好的装饰效果
	结晶釉砖	JJ	晶花辉映，纹理多姿
	斑纹釉砖	BW	斑纹釉面，丰富多彩
	大理石釉砖	LSH	具有天然大理石花纹，颜色丰富，美观大方
图案砖	白地图案砖	BT	是在白色釉面砖上装饰各种图案，经高温烧成。纹样清晰，色彩明朗，清洁优美
	色地图案砖	YGT，DYGT，SHGT	是在有光（YG）或无光（SHG）的彩色釉面砖上装饰各种图案，经高温烧成，产生浮雕、缎光、绒毛、彩漆等效果，做内墙饰面，别具风格
瓷砖画及色釉陶瓷字砖	瓷砖画	—	以各种釉面砖拼成各种瓷砖画，或根据已有画稿烧制成釉面砖，拼装成各种瓷砖画，清洁优美，永不褪色
	色釉陶瓷字砖	—	以各种色釉、瓷土烧制而成，色彩丰富，光亮美观，永不褪色

釉面内墙砖的表面形状有正方形、长方形和异形配件砖。釉面砖效果如图 1-24 所示。釉面内墙砖要求尺寸准确、平整、表面光滑，根据外观质量要求分为优等品、一等品和合格品三个等级。

2. 墙地砖

墙地砖包括外墙装饰用贴面砖和室内外地面装饰铺贴用砖，由于目前这类砖的发展趋势是既可用于外墙又可用于地面，因此称为墙地砖。

墙地砖多为炻质，也有粗瓷质的，坯体密实、强度高。表面分为无釉（无光面砖）和有釉（彩釉砖）两种。墙地砖效果图如图 1-25 所示。

图 1-24　釉面砖效果

图 1-25　墙地砖效果

1.10.5 玻璃装饰材料

饰面玻璃是用于建筑物表面装饰的玻璃制品的总称，包括板材和砖材，有玻璃马赛克、釉面玻璃、玻璃面砖、矿渣微晶玻璃砖等。

用压延法或烧结法生产，可制成各种色彩和尺寸，可拼镶成各种图案，广泛用于建筑物内外墙的装饰。

1. 釉面玻璃

釉面玻璃是在玻璃表面上冷敷一层彩色易溶性色釉，然后加热到彩釉熔融温度，使釉层与玻璃牢固地粘合在一起，经退火或钢化等不同热处理方法制成。玻璃基体可用平板玻璃、磨光玻璃及玻璃砖等。

釉面玻璃有各种色彩和尺寸。釉面玻璃耐化学腐蚀，耐磨，富有光泽，可用于建筑物内外墙的贴面。

2. 玻璃锦砖

玻璃锦砖又称玻璃马赛克，是一种小规格的彩色饰面玻璃。玻璃马赛克效果如图1-26所示。一般为边长尺寸为20～60mm，厚度4～6mm的各种平面几何形状和颜色的小块玻璃质镶嵌材料。一面光滑，另一面带有槽纹，以利于砂浆粘接。

玻璃马赛克色泽柔和、朴实、典雅，表面光滑、不吸水、易洗涤，且化学稳定性、热稳定性好，表观密度小，易于施工。

3. 空心玻璃砖

空心玻璃砖是把两块经模压成凹形的玻璃加热熔接成整体的空心砖，中间充以约2/3个大气压（1标准大气压＝101.325kPa）的干燥空气。

空心玻璃砖有单腔和双腔两种，双腔玻璃砖除保持了良好的透光性能外，具有更好的隔热、隔声效果。空心玻璃砖可在内侧面做出各种花纹及图案。

空心玻璃砖透光不透视，抗压强度较高，保温隔热、隔声、防火、装饰性能好。空心玻璃砖效果如图1-27所示。

图1-26 玻璃马赛克效果

图1-27 空心玻璃砖效果

1.10.6 装饰壁纸、壁布、壁毡

我国生产的壁纸主要为聚氯乙烯（PVC）壁纸。塑料壁纸的生产工艺分压延法和涂布法

两种。

塑料壁纸分为普通壁纸、发泡壁纸和特种壁纸三类。塑料壁纸原材料便宜，具有耐腐蚀、难燃烧、可擦洗和装饰性好等优点，因此广泛用于民用住宅等建筑物的内墙、顶棚和梁柱等贴面装饰。

其他壁纸墙布有：

（1）纺织纤维墙布（无纺贴墙布）。纺织纤维墙布是采用天然纤维（如棉、毛、麻、丝）或涤、腈等合成纤维，经无纺成形、加上树脂、印制彩色花纹而成的一种新型贴墙布。

（2）玻璃纤维贴墙布。玻璃纤维贴墙布，是在中碱玻璃纤维布上涂以合成树脂，经加热塑化，印上彩色图案而成。

（3）装饰墙布。装饰墙布是以纯棉布经预处理、印花和涂层制作而成。

1.10.7　不锈钢建筑装饰制品及彩色涂层钢板

（1）铝合金门窗。铝合金门窗是采用经表面处理的铝合金型材加工制作成的门窗构件。它具有质轻，密封性好，色调美观，耐腐蚀，使用维修方便，便于进行工业化生产的特点。

铝合金门窗的种类按照结构与开闭方式的不同分为推拉门窗、平开门窗、固定窗、悬挂窗、回转窗、百叶窗；铝合金门还有地弹簧门、自动门、旋转门、卷闸门等。铝合金门窗示意分别如图 1-28、图 1-29 所示。

图 1-28　铝合金门示意　　　　　　　　　　图 1-29　铝合金窗示意

（2）铝合金装饰板。铝合金装饰板具有质轻，耐久性好，施工方便，装饰华丽等优点，适用于公共建筑的室内外装饰，颜色有本色、古铜色、金黄色、茶色等。铝合金装饰板有铝合金花纹板、铝合金压型板和铝合金冲孔平板等。

（3）其他铝合金装饰制品

1）铝合金吊顶材料：铝合金吊顶材料有质轻，不锈蚀，美观，防火，安装方便等优点，适用于较高的室内吊顶。全套部件包括铝龙骨、铝平顶筋、铝顶棚以及相应的配套吊挂件等，如图 1-30 所示。

图 1-30　铝合金方板吊顶示意

2）铝和铝合金箔：铝箔是纯铝或铝合金加工成的 $6.3\mu m$～0.2mm 的薄片制品。铝和铝合金箔不仅是优良的装饰材料，还具有防潮、绝热的功能。

本 章 小 结

通过本章的学习，在材料的选用上要注意不仅要考虑外观上应有的一些基本要求，还要考虑材料的物理、化学和力学方面的基本性能，如一定的强度、耐水性、耐火性、耐磨性等，以提高建筑物的使用性能，降低维修费用。

思 考 题

1-1　材料的密度、体积密度、表观密度、堆积密度是否随其含水量的增加而加大？为什么？

有机胶凝材料和无机胶凝材料有何差异？气硬性胶凝材料和水硬性胶凝材料有何区别？

1-2　什么是材料的亲水性和憎水性？材料的耐水性如何表示？

1-3　材料的孔隙状态包括哪几方面的内容？材料的孔隙状态是如何影响密度、体积密度、抗渗性、抗冻性、导热性等性质的？

1-4　选择天然石材应考虑哪些原则？为什么？

1-5　人造石材有哪些类型？它们之间有何区别？

1-6　简述石灰的熟化特点。

1-7　简述石膏的性能特点。

1-8　硅酸盐水泥的凝结硬化过程是怎样进行的，影响硅酸盐水泥凝结硬化的因素有哪些？

1-9　普通混凝土是由哪些材料组成的？它们各起什么作用？

1-10　在配制混凝土时为什么要考虑集料的粗细及颗粒级配？评定指标是什么？

1-11　决定混凝土强度的主要因素是什么？如何有效地提高混凝土的强度？

1-12　描述混凝土耐久性的主要性质指标有哪些？如何提高混凝土的耐久性？

1-13　混凝土配合比的三个基本参数是什么？与混凝土的性能有何关系？如何确定这三个基本参数？

1-14　建筑塑料有哪些优、缺点？工程中常用的建筑塑料有哪些？

实 训 环 节

参观园林施工现场，收集不同建筑材料的装饰图样，比较各种材料的装饰效果、材料特性及各种材料的使用范围。

第 2 章

房屋建筑基本构造

学习目标

本章重点掌握基础埋置深度的概念，基础的分类，基础的截面形式，地下室防潮、防水的概念；了解基础与地基的区别，影响基础埋深的因素，地下室防潮、防水的构造作法。

2.1 基础与地下室

2.1.1 基础与地基概述

1. 基础与地基的概念与作用

基础是建筑地面以下的承重构件，是建筑的下部结构。它承受建筑物上部结构传下来的全部荷载，并把这些荷载连同本身的重量一起传到下面的土层。基础是房屋组成的一部分。

地基是承受由基础传下的荷载的土层，它承受着房屋的所有荷载。可分为持力层和下卧层。

2. 地基的分类

地基主要分为两大类：天然地基和人工地基。天然地基是指土层本身具有足够的强度，能直接接受建筑物的荷载；人工地基是指需要对土壤进行人工加工或加固处理后才能承受建筑物荷载的地基。人工加固的常用方法有：压实法、换土法和桩基。压实法就是利用重锤或机械碾压将土壤中的空气排除，从而提高土的密实性而增强了地基土壤的承载能力。换土法就是将地基中的部分软弱土层挖去，换以承载力高的坚实土层，从而达到提高地基土壤承载能力的目的。桩基就是将钢筋混凝土桩打入或灌入土中，把土壤挤实或把桩直接打入地下坚实的土壤层中，达到提高地基土壤的承载能力的目的。

3. 基础的埋置深度

（1）基础的埋深概念。室外设计地面至基础底面的垂直距离称为基础的埋置深度，简称基础的埋深，如图 2-1 所示。当基础的埋深大于 4m 时为深基础，原则上在保证安全使用的前提下，应优先采用浅基础以降低房屋的工程造价。浅基础的埋深值一般在 0.5～4m 之间。

（2）影响因素。实际中，影响基础埋置深度的因素有很多，归纳起来主要有以下几种：

1）地基土层构造的影响。地基土大致可分为好土层及软土层。房屋的基础必须优先考虑建造在坚实可靠的好土层上，如图 2-2 所示。

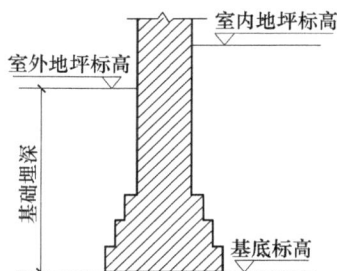

图 2-1 基础的埋置深度

图 2-2 地基土层分布对埋深的关系

① 地基由均匀的良好土构成，基础应尽量浅埋。

② 地基上层为软土，厚度在 2m 以内；下层为好土，基础应埋在下层好土上。

③ 地基由好土和软土交替组成，总荷载小的建筑可将基础埋在好土内；总荷载大的建筑应采用人工地基或把基础埋在下面的好土上或利用桩基础。

2）地下水位的影响：因为地基土中含水量的大小直接影响地基的承载能力，含水量越大，则地基的承载力越小，故房屋的基础应尽量埋在最高地下水位线之上。但当地下水位较高，基础不能埋在地下水位线之上时，则应将基础底面埋置在最低地下水位 200mm 以下，以免使基础底面处于地下水位变化的范围之内，如图 2-3 所示。

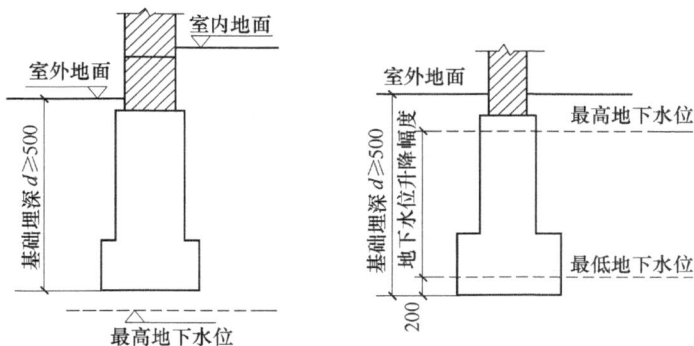

图 2-3 地下水位的影响

3）冰冻深度的影响：冰冻土与非冻土的分界线称为冰冻线。各地由于气候不同，冰冻线的深度也不相同，如北京地区为 0.6～1.0m；哈尔滨地区则达到 2m；南方炎热地区的冰冻线深度很小，甚至无冻土，如湖南、广东等。

土层在冻结与解冻时，将会使基础分别产生拱起和下沉的不良影响，因此一般要求基础底面应埋在冰冻线 200mm 以下处，如图 2-4 所示。

4）相邻房屋的影响：两相邻建筑中，新建房屋的基础不宜深于原有房屋的基础。但当不能满足这项要求时，则两基础之间的水平距离应大于或等于两基础底面高差值的 1～2 倍，即 $L \geqslant (1-2)\triangle h$，如图 2-5 所示。

此外，房屋的用途，基础的形式与构造等均对基础的埋置深度有一定的影响。

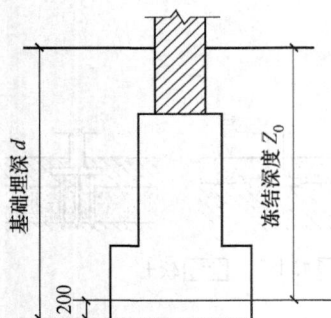

图 2-4   冰冻深度的影响

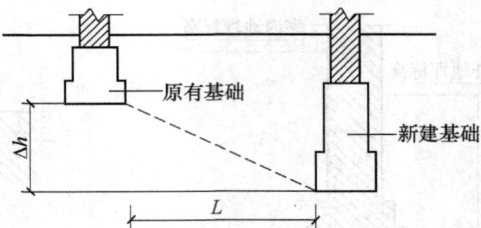

图 2-5   相邻建筑物与埋深的关系

2.1.2 基础的类型

1. 按材料及受力特点分类

（1）刚性基础。由砖、石、混凝土等刚性材料制作的基础称为刚性基础。刚性材料一般抗压强度高，而抗拉、抗剪强度较低。为了满足地基容许承载力的要求，基底的宽度均要大于上部墙宽，加宽挑出部分的基础相当于一个悬臂梁，当它挑出的部分过长且较薄时，其挑出部分的底面受拉区的拉应力超过材料的抗拉强度时，基础底面将因受拉而开裂，使基础破坏。

实验证明，在刚性材料构成的基础上，墙或柱传来的压力是沿一个角度分布的，这个控制范围的夹角称为刚性角，用 α 表示。只要基础的加宽部分在刚性角范围之内，基础就不会被破坏，如图 2-6 所示。其中，砖、石材料的刚性角的宽度与高度比在 $1:1.25 \sim 1:1.50$ 之间，混凝土的宽高之比为 $1:1$。由于刚性角的限制，刚性基础的截面形式相对较固定，如图 2-7 所示。

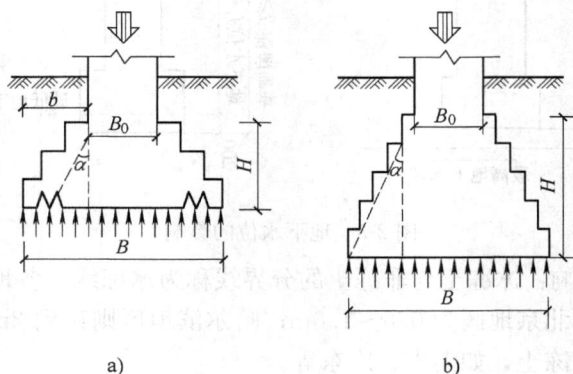

a)   b)

图 2-6   基础的受力分析

一般情况下，刚性基础多用于地基承载力较高的低层或多层的民用建筑中。

（2）柔性基础。在混凝土基础的受拉区增设了受拉钢筋而形成的钢筋混凝土基础，极大地提高了材料的抗拉抗剪能力。故该基础宽度的加大不受刚性角的限制。工程上又称其为柔性基础或非刚性基础，因此该基础常制成宽而薄的锥形，但应注意基础最薄处不应小于 200mm。

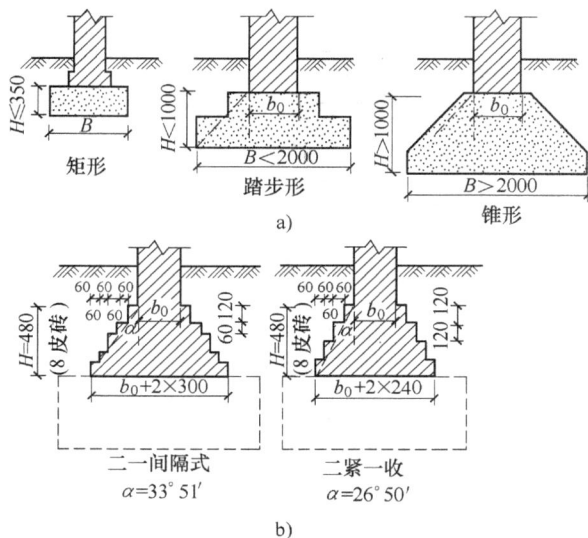

图 2-7　混凝土基础、砖基础的截面形式

a）混凝土基础　b）砖基础

通常，钢筋混凝土基础（图 2-8）适用于地基承载力不好，且基础又不宜埋置过深的房屋中。

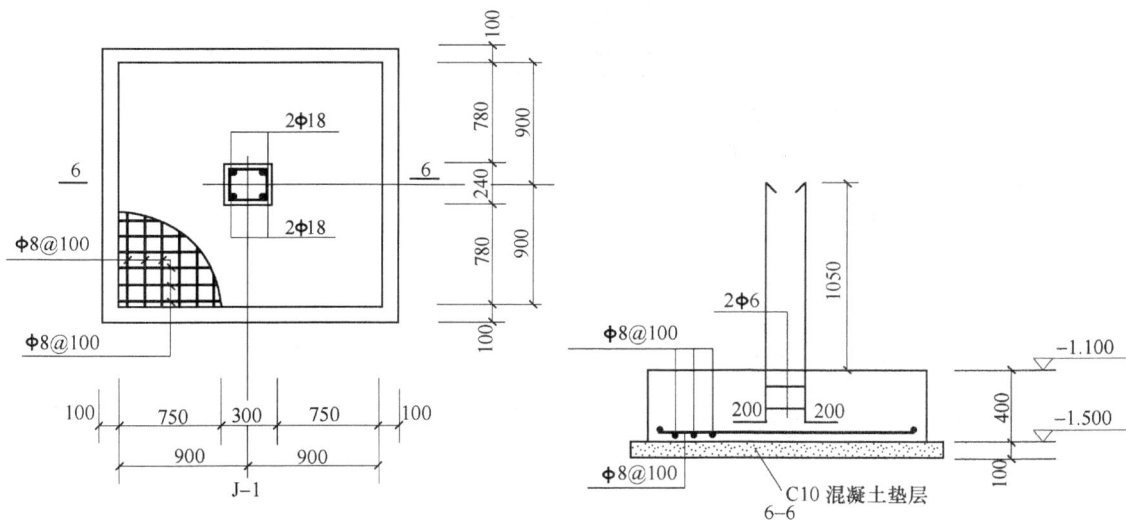

图 2-8　钢筋混凝土基础截面形式

2. 按基础构造形式分类

（1）条形基础。条形基础是连续的带状基础。常用于墙下，是墙基础的基本形式，如图 2-9 所示。

（2）独立基础。当房屋上部结构采用框架或单层排架结构承重时，基础常采用方形或矩形的单独基础，常用于柱下，是柱下基础的基本形式。当地基条件较差时，为了提高房屋的整体性，防止柱子之间产生不均匀沉降，要将柱下基础沿纵、横两个方向扩展连接起来，做成十字交叉的井格式，也称为井格式基础，如图 2-10 所示。

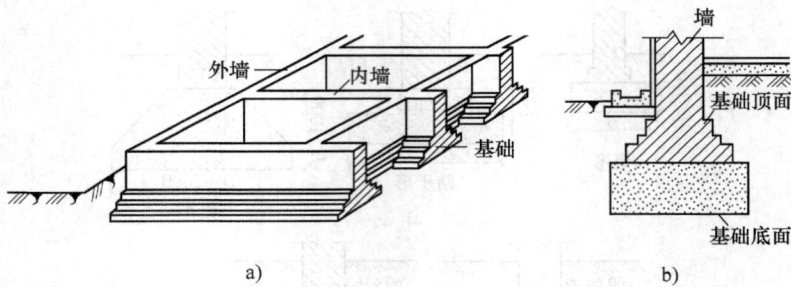

图 2-9　条形基础
a）基础布置　b）基础截面形式

（3）满堂基础与箱形基础。由成片的钢筋混凝土板支承着整个房屋，板直接支承在地基土层上或支承在柱基上。连片基础整体性好，可以跨越基础下部的局部软弱土层。常见的形式有筏式基础，箱形基础，连续薄壳基础等。其中，筏式基础适用于下部土层较弱且刚度较好的 5～6 层的居住建筑中，如图 2-11 所示；而箱形基础常用于高层建筑或在软弱地基上建造的重型建筑物，如图 2-12 所示。

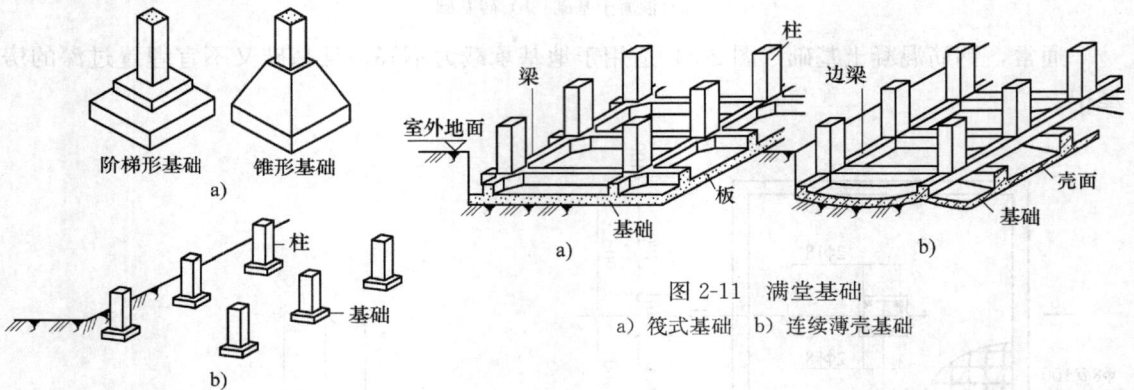

图 2-11　满堂基础
a）筏式基础　b）连续薄壳基础

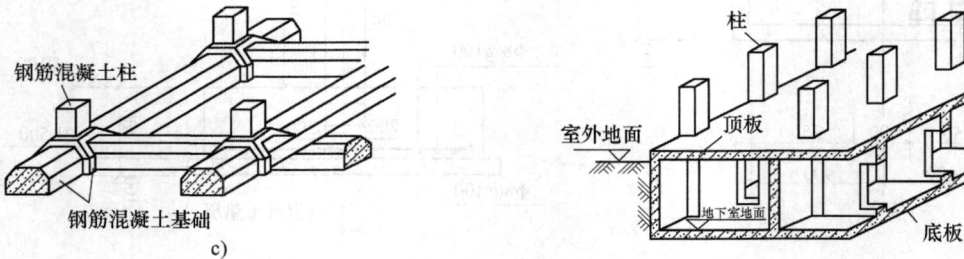

图 2-10　独立基础
a）独立基础的形式　b）独立基础的布置
c）井格式的基础布置

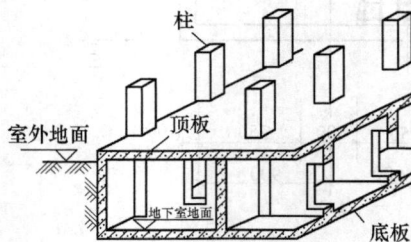

图 2-12　箱形基础

3. 桩基础

当地下软弱土层很深，而上部房屋荷载又很大，不宜采用浅基础时，常采用桩基础。采用桩基础能节省基础材料，减少挖填土方工程量，缩短工期。桩基础工作原理：房屋的荷载通过柱子似的桩穿过深达十多米甚至几十米的软弱土层，直接支承在坚硬的岩层上。桩基础由桩和承台两部分构成，目前常见的桩为钢筋混凝土桩，又分为预制桩与灌注桩。如图

2-13、图 2-14 所示。

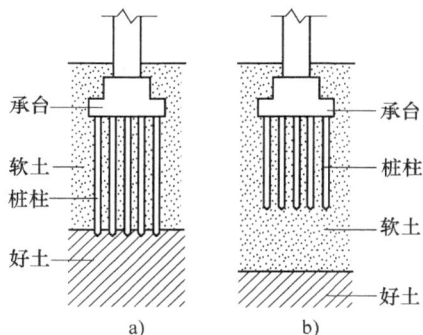

图 2-13 预制桩基础
a）端承桩 b）摩擦桩

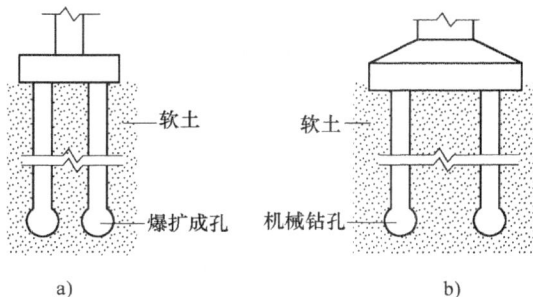

图 2-14 灌注桩基础
a）爆扩灌注桩 b）钻孔灌注桩

2.1.3 地下室的构造

1. 地下室的类型

房屋下部的地下使用空间称为地下室，一些高层建筑基础埋深很大，充分利用这一深度建造地下室可极大地提高建筑用地的利用率。

地下室按埋入深度不同，可分为全地下室和半地下室：全地下室是指地下室地面低于室外地坪的高度超过该房间净高的 1/2，如图 2-15b 所示。按其功能不同又分为普通地下室和

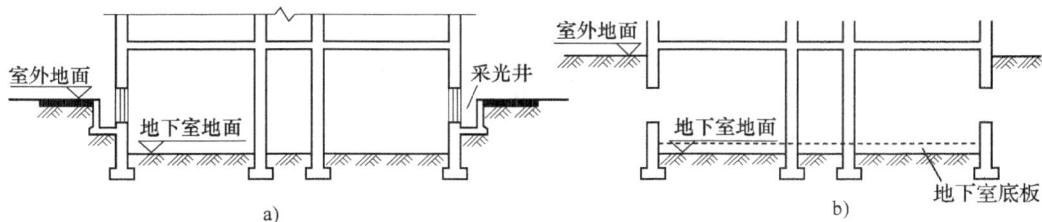

图 2-15 地下室的类型
a）半地下室 b）全地下室

防空地下室：防空地下室除应按防空部门的要求建造外，还应考虑和平时期的利用，做到平战结合。按结构材料又分为砖墙结构地下室及钢筋混凝土墙结构地下室：砖墙结构地下室适用于上部荷载不大及地下水位较低的房屋。

地下室通常是由墙身、顶板、底板、门窗、楼梯等构造组成。对于半地下室，还可以设置采光井采光，如图 2-16 所示。

2. 地下室的防潮与防水

（1）地下室的防潮。由于地下室的墙身及底板设置在地面以下，长期受到地潮及地下水的侵蚀，因此其防潮、防水是地下室构造设计的主要内容。当地下水的常年水位和最高水位均在地下室室内地坪标高以下时，地下室只需要做防潮处理。对于砖墙或石墙，其防潮的构造做法是：先在墙身外侧用 1:3 水泥砂浆抹 20mm 厚的找平层，再涂上一道冷底子油和两道热沥青，高度到室外地坪以上 300mm 处。外侧墙的回填土应使用低渗透性土壤（如黏

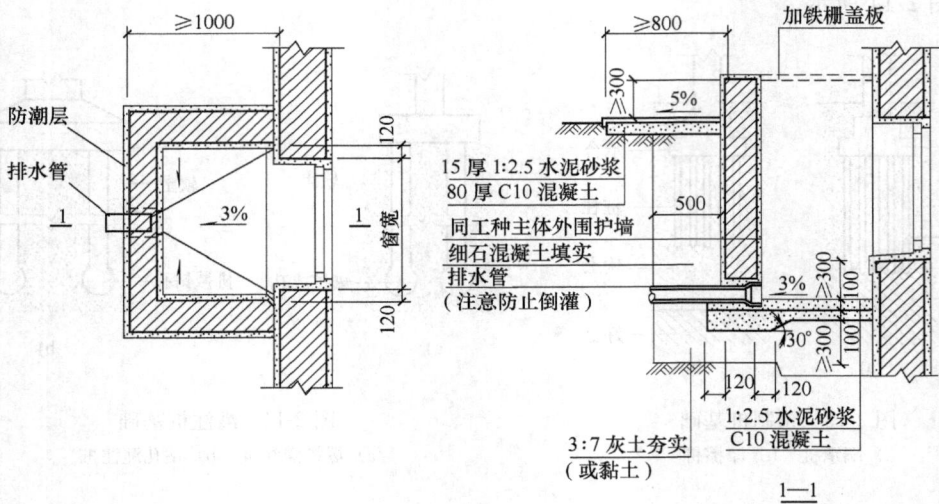

图 2-16 采光井构造

土、灰土等），并逐层夯实，以防地面雨水或其他地表水的影响；同时，墙身在地下室墙及室外地坪附近做两道水平防潮层，以防地潮沿地下墙身或勒脚处侵入室内，如图 2-17 所示。

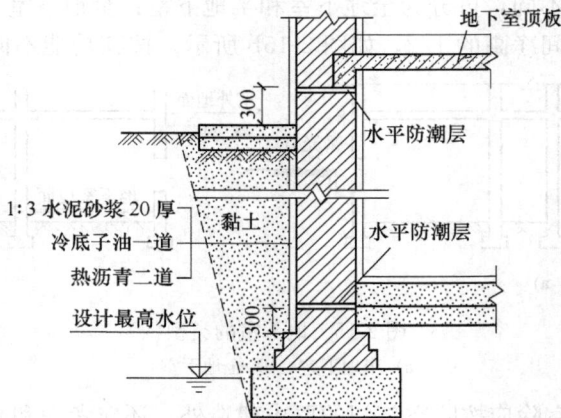

图 2-17 地下室的防潮

（2）地下室的防水。当最高地下水位高于地下室室内地坪时，地下室的外墙和地坪都浸泡在水中，这时地下室外墙受到地下水的侧压力，地坪受到水的浮力的影响，因此必须对地下室外墙和地坪进行防水处理。因其防水位置不同，又分为外防水和内防水两种，其中内防水常用于修缮时用，如图 2-18 所示。当地下室地坪和墙体均为钢筋混凝土结构时，采用防水混凝土材料为佳，或在其外侧再进行防潮或防水处理。

目前，地下室的防水方案有材料防水和构件自防水两大类。

1）材料防水：常用卷材、涂料和防水水泥砂浆等，在外墙和底板表面敷设防水材料以阻止水的渗入。

① 沥青卷材是一种传统的防水材料，有一定的抗拉强度和延伸性，价格便宜。但属于

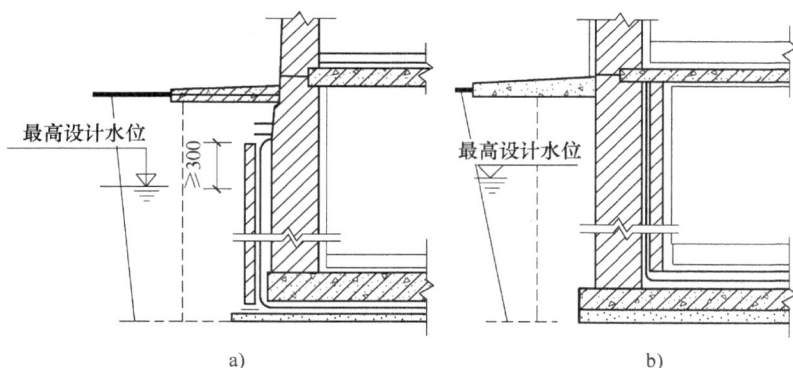

图 2-18　地下室的防水位置

a) 外防水　b) 内防水

热操作，并会污染环境，易老化。沥青卷材施工一般为多层做法，如图 2-19 所示。卷材的层数依据最大计算水头而定（最大计算水头是指最高地下水位高于地下室底板下皮的高度），见表 2-1。

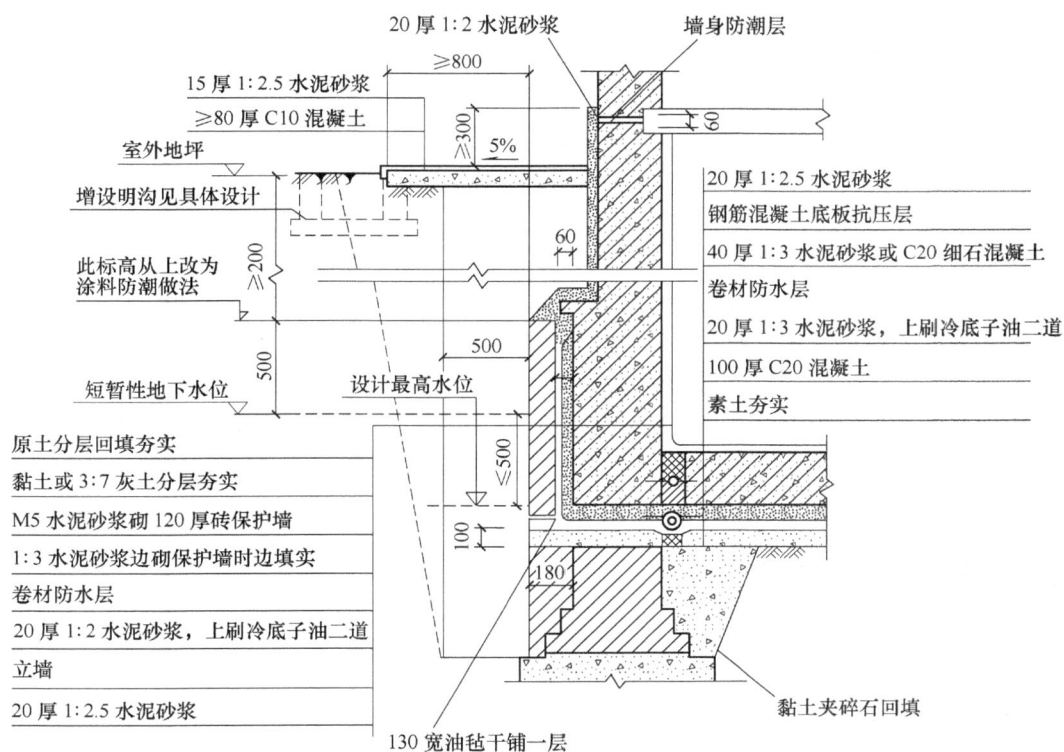

图 2-19　地下室的卷材防水

表 2-1　防水卷材层数

最大计算水头/m	卷材所受压力/MPa	卷材层数
<3	0.01～0.05	3
3～6	0.05～0.1	4
6～12	0.1～0.2	5
>12	0.2～0.5	6

② 涂料防水是指在现场以刷涂、刮涂、辊涂等方法将无定型液态冷涂料在常温下涂敷于结构的表面以达到防水的作用。目前，常用经乳化或改性的沥青材料为主，也用高分子合成材料制成。一般为多层敷设，且常在中间夹铺 1～2 层纤维制品（玻璃纤维、玻璃丝网格布）。

③ 水泥砂浆防水是指在水泥砂浆中掺入防水剂，以提高砂浆的密实性，达到防水的作用。

2）混凝土自防水：借助于混凝土不同的集料级配，或在混凝土中掺入一定量的外加剂以提高混凝土的密实性，从而达到防水的效果。一般混凝土外墙厚要达 200mm 以上，底板厚要达 150mm 以上，否则会影响抗渗效果，如图 2-20 所示。

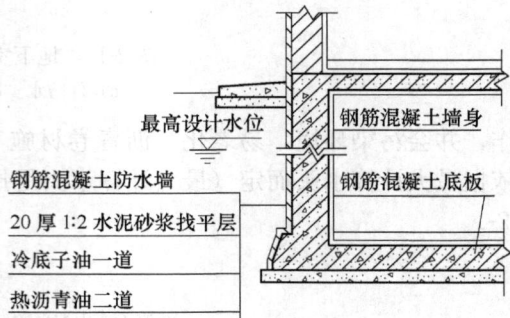

最高设计水位
钢筋混凝土防水墙
20 厚 1:2 水泥砂浆找平层
冷底子油一道
热沥青油二道
钢筋混凝土墙身
钢筋混凝土底板

图 2-20　地下室的钢筋混凝土防水

2.2　柱与墙

学习目标：本节重点掌握砖墙和砌块的类型和构造；熟悉隔墙的类型和构造；了解墙体的分类与要求；了解墙面装修的作用、分类与构造。

在大量的民用建筑中，墙体与楼盖被称为建筑的主体工程，其造价、工程量和自重一般是建筑物所有构件当中所占份额最大的。人们长期以来一直在对墙体的技术问题和经济问题进行改进，并取得了一定的进展。由此可见，墙体在建筑中占有十分重要的位置，如何选择墙体材料，采用什么样的构造方法，将直接影响房屋的质量、自重、造价及施工工期等。

2.2.1　墙体的作用、分类与要求

1. 墙体的作用

墙或柱是房屋的重要组成部分，其作用主要有如下三个方面：

一是承重，墙或柱作为房屋竖直方向的承重构件，要承受由楼面及屋顶传来的竖直荷载以及水平风荷载，并将荷载传给基础。

二是围护，外墙要抵御自然界的风、霜、雨、雪的侵袭及太阳辐射、声音干扰等，为室内提供良好的生活与工作条件。

三是分隔，内墙将房屋分隔成大小不同的空间，以满足不同的使用要求，减少相互

干扰。

2. 墙体的类型

墙体的类型很多，如图 2-21 所示。

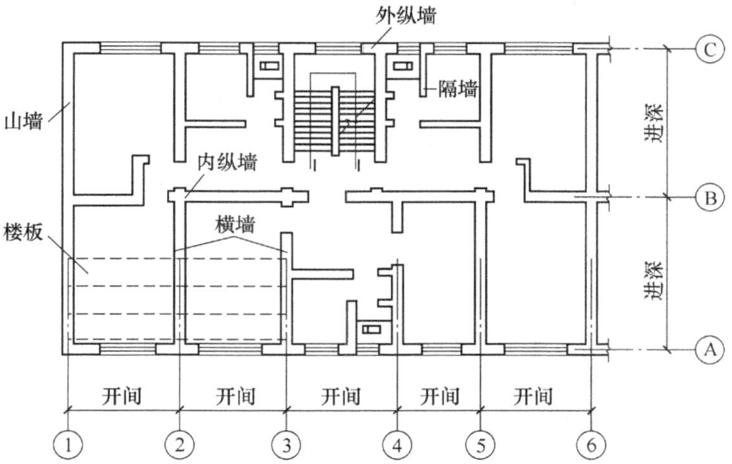

图 2-21　墙体的类型

（1）按墙体在平面上所处位置分为外墙和内墙、纵墙和横墙。房屋外围的墙称为外墙，房屋内部的墙称为内墙。沿建筑物长轴线（常用英文字母 A、B、C…编号的轴）方向布置的墙称为纵墙，两纵墙间的距离常称为房间的进深；沿建筑物短轴线（常用阿拉伯数字 1、2、3…编号的轴）方向布置的墙称为横墙，两横墙间的距离常称为房屋的开间。

习惯上，外纵墙称为檐墙，外横墙称为山墙。

（2）按墙体的受力情况分为承重墙和非承重墙。承重墙要承受梁、板等上部结构传来的荷载以及墙体自重。非承重墙又分为两种：一是自承重墙，不承受外来荷载，只承受自身的重量并传至基础；二是隔墙，起分隔房间的作用，不承受外来荷载，并把自身重量传给梁或楼板。框架填充墙就是隔墙的一种。悬挂在建筑物外部的轻质墙称为幕墙，包括金属幕墙和玻璃幕墙。

（3）按墙体材料分为砖砌墙体、砌块墙体、石砌墙体、现浇或预制的钢筋混凝土墙体。砖砌体，包括烧结普通砖、烧结多孔砖、蒸压灰砂砖、蒸压粉煤灰砖，以及无筋和配筋砌体；砌块砌体，包括混凝土、轻集料混凝土砌块无筋和配筋砌体；石砌体，包括各种料石和毛石砌体。可参见第 1 章园林建筑材料部分。

（4）按墙体的构造方式分为实体墙、空体墙和复合墙。实体墙是由烧结普通砖及其他实体砌块砌筑而成的墙体；空体墙是由烧结普通砖砌筑的空斗墙或由空心砖砌筑的具有空腔的墙体；复合墙是由两种或两种以上的材料组合而成的墙体。

3. 墙体的要求

（1）具有足够的强度和稳定性。墙体的强度是指其承受荷载的能力，应根据墙体材料、截面尺寸、荷载大小由结构计算及施工质量来保证；墙体的稳定性取决于墙体的高度、厚度与长度，应通过高厚比进行验算。在墙体的长度和高度确定了之后，一般可以采用增加墙体厚度，设置刚性横墙，加设圈梁、壁柱、墙垛的方法增加墙体稳定性。

（2）满足保温（隔热）、隔声和防火要求。

1）热工方面的要求。

外墙是建筑围护结构的主体，其热工性能的好坏会对建筑的使用及能耗带来直接的影响，随着人类对能源消耗的日渐重视，建筑节能问题被提高到一个前所未有的高度，并作为衡量建筑综合性能的一项重要指标。

北方寒冷地区要求建筑的外墙应具有良好的保温能力，在采暖期尽量减少热量损失，降低能耗，保证室内温度不致过低，不出现墙体内表面产生冷凝水的现象。为了使墙体具有足够的保温能力，一是可采取增加墙体的厚度，但这种做法很不经济，又增加结构自重；二是选择热导率小的墙体材料，但这种材料的强度一般较低；三是采取复合材料的保温结构。较为理想的做法是将保温材料设置于围护结构的低温一侧为好，能充分发挥保温材料的性能，同时室内使用热容量大的材料对热稳定性有利，保护构件，减少水汽凝结的可能性（即蒸汽渗入的一侧设置隔气层，以防止或控制表面及其内部凝结），所以尽快生产出质量轻、性能强，价格经济，施工方便的墙体材料，是墙体改革所面临的主要问题之一。

南方炎热地区要求建筑的外墙应具有良好的隔热能力，以隔阻太阳的辐射热传入室内，防止室内温度过高。为使墙体具有隔热能力，除了可以采用热导率小的墙体材料之外，还可以采用中空墙体。另外，合理选择建筑朝向，良好的通风条件，浅颜色的外墙表面，在窗口外侧设置遮阳措施，在外墙外表面种植攀绿植物等，也是提高墙体隔热降温效果的有效措施。

2）隔声方面的要求。墙体是在建筑水平方向划分空间的构件，为了使人们获得安静舒适的工作和生活环境，提高私密性，避免相互干扰，墙体必须要有足够的隔声能力，并应符合国家有关隔声标准的要求。

声音是以空气传声和固体传声两个途径实现的，墙体应对空气传声具有足够的阻隔能力。增加墙体材料的面密度和厚度，选用密度大的墙体材料，设置中空墙体等是提高墙体隔声能力的有效手段。

3）防火方面的要求。作为建筑墙体的材料及厚度，应满足有关防火规范中对燃烧性能和耐火极限的要求。当建筑的单层建筑面积或长度达到一定指标时，应划分防火分区，以防止火灾蔓延。防火分区一般利用防火墙进行分隔。

4）其他要求。墙体还应满足防潮、防水、减轻自重、降低造价及适应建筑工业化的要求。

2.2.2 砖墙

1. 墙体材料

对于墙体材料的介绍可参考本书第1.8节的内容，常用砌筑材料规格及强度等级见表2-2。

表 2-2　常用砌筑材料规格及强度等级

名　称	主要规格尺寸/mm	强度等级
烧结普通砖	240×115×53	MU30、MU25、MU20、MU15、MU10
烧结多孔砖	长、宽、高尺寸应符合 290、240、190、180、175、140、115、90 要求	

（续）

名　　称	主要规格尺寸/mm	强 度 等 级
蒸压灰砂砖	240×115×53	MU25、MU20、MU15、MU10
蒸压粉煤灰砖	240×115×53	
混凝土小型空心砌块	390×190×190、190×190×190、390×190×90	MU20、MU10、MU7、MU5、MU3.5
蒸压加气混凝土砌块墙	长度：L600 宽度：B100、150、200、250、300 高度：H200、250、300	按体积密度级别分 B05、B06、B07
石材		MU100、MU80、MU60、MU50、MU40、MU30、MU20
砂浆		MU20、MU15、MU10、MU 7.5、MU5、MU2.5

　　根据用途的不同，建筑砂浆分为砌筑砂浆和抹面砂浆。根据胶凝材料的不同，建筑砂浆又可分为水泥砂浆、石灰砂浆和混合砂浆。混合砂浆又有水泥石灰混合砂浆、水泥粉煤灰砂浆等。

　　砌筑砂浆是用于砌筑砖、石及各种砌块的砂浆。砌筑砂浆主要起着胶结砖石、传递荷载的作用，此外还起着填充砖石缝隙、提高砌体绝热和隔声性能的作用，因此要求它必须具有一定的强度，以保证整个砌体的强度能满足结构的强度要求。不同工程对砌体强度（表2-2）的要求、砂浆的种类是不一样的，如水泥砂浆常用于砌筑有水位置的墙体（如基础、地下室）；水泥石灰砂浆由于其和易性好，主要用于建筑的地面以上的砌筑中；石灰砂浆因强度较低，多用于砌筑荷载不大的墙体或临时性建筑墙体。

2. 墙体的尺寸和组砌方式

　　墙体的基本尺寸包括墙体的厚度、墙段长度和墙高。决定墙体基本尺寸应考虑诸多因素，如荷载、门窗洞口的大小和数量、横墙间距、支承楼板的情况以及保温（隔热）、隔声、防火等要求。

　　（1）实心砖墙的尺寸

　　1）实心砖墙的厚度尺寸。实心砖墙指用烧结普通砖（240mm×115mm×53mm）等砌筑的墙，如包括灰缝，其长、宽、厚之比为 4：2：1，即一个砖长（240mm）等于两个砖宽加灰缝（115mm×2＋10mm），或等于四个砖厚加三个灰缝（53mm×4＋9.3mm×3）。普通砖的这个尺寸关系便于组砌成以砖厚为基数的任何尺寸的墙体，其厚度尺寸见表 2-3。

表 2-3　实心砖墙厚度尺寸　　　　　　（单位：mm）

墙厚名称	1/4 砖	1/2 砖	3/4 砖	1 砖	1 砖半	2 砖	2 砖半
标志尺寸	60	120	180	240	370	490	620
构造尺寸	53	115	178	240	365	490	615
习惯称呼	"60墙"	"12墙"	"18墙"	"24墙"	"37墙"	"49墙"	"62墙"

　　2）墙段长度和洞口尺寸。在工程实践中常以一个砖宽加一个灰缝（115mm＋10mm＝

125mm）的尺寸为基数确定砖墙各部分的尺寸，故墙段长度和洞口尺寸应由砖宽的倍数组成，如图 2-22 所示（墙段长度＝125n−10，洞口宽度＝125n＋10）。而我国现行的《建筑模数协调统一标准》（GBJ 2—1986）规定了基本模数 1M 为 100mm，房屋的开间、进深采用 3M 的数列，故在设计中会出现不协调现象。因砍砖过多会影响砌体强度，而调整灰缝范围又很小，故墙体长度小于 1m 时，可使其符合砖模数 125mm；大于 1m 时，可不再考虑砖模数。

3）墙身的高度。墙身的高度是根据实际需要由设计决定的，但高度与厚度之比应小于容许高厚比，以保证墙体的稳定性。

（2）实心砖墙的组砌方式。砖墙的砌筑方式是指砖在墙内的排列方式。为了保证墙体的强度，砖砌体的砖缝必须横平竖直、内外搭接、上下错缝；上下错缝不小于 60mm，砖缝砂浆必须饱满，厚薄均匀。错缝和搭接能够保证墙体不出现连续的垂直通缝，以提高墙体的强度和稳定性。

常用的错缝方法是将顶砖和顺砖上下皮交错砌筑。将砖的长边垂直于砌体长边砌筑时称为顶砖，将砖的长边平行于砌体长边砌筑时称为顺砖，每排列一层称为一皮。常见的砖墙砌筑方式有一顺（或多顺）一丁式、梅花丁式、两平一侧式、全顺式等（图 2-23）。

3. 墙体的细部构造

墙体的细部构造包括勒脚、散水与明沟、墙身防潮层、门窗过梁、窗台、圈梁、构造柱、烟道和通风道等。

（1）勒脚、散水与明沟

1）勒脚。勒脚是外墙与室外地面接近的部位，其作用主要是保护这部分墙身免受雨、雪浸蚀和各种机械性损伤以及增加美观，故勒脚高度 H 一般不应低于 600mm。

勒脚的构造应满足防水、坚固、耐久、美观的原则。其做法有：抹水泥砂浆、做水刷石、镶砌石块、贴面砖、局部墙体加厚或按单项工程设计，如图 2-24 所示。

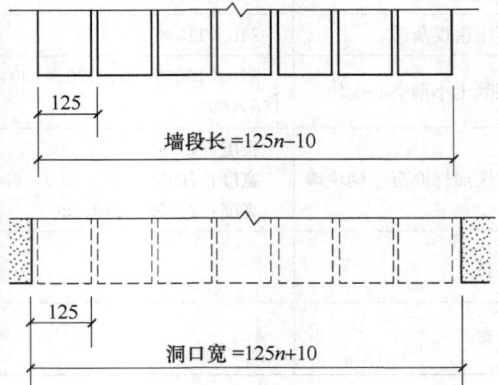

图 2-22　墙段长度与洞口宽度

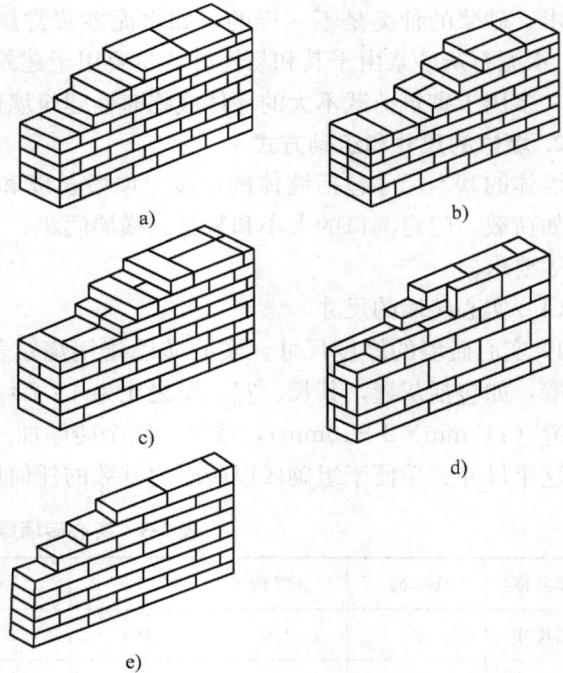

图 2-23　砌筑方式
a）一顺一丁式　b）三顺一丁式　c）梅花丁式
d）两平一侧式　e）全顺式

图 2-24　勒脚的构造

2）散水与明沟。为了排除外墙脚下地表雨水及屋面雨水管排下的屋顶雨水，应在室外地坪靠外墙脚处设置散水或明沟，以保护基础。

① 散水。散水的宽度应根据当地的降雨量、地基土质情况及建筑物来确定，一般不小于 800mm；同时，应比建筑物挑檐宽度大 200～300mm，且外缘较周围地坪高出 20～50mm。散水表面要有 3％～5％的向外坡度。

散水有多种做法，如砖砌散水、水泥砂浆散水、碎石（砖）散水、混凝土散水、块石散水等。若采用混凝土散水，其具体做法一般如图 2-25 所示：要求素土夯实宽度比散水要加宽300mm，散水外口应局部加深，以保护散水下的土壤；散水整体面层的纵向距离每隔 6～12m做一道伸缩缝；勒脚与散水、明沟交接处设变形缝，缝宽 30mm，缝内填深 50mm 的油膏。

② 明沟。明沟是设置在房屋四周的排水沟，它将屋面雨水和地面积水有组织地导向地下排水管网，保护外墙基础。明沟的做法有砖砌明沟、现浇混凝土明沟（C15 混凝土）等。若采用砖砌明沟，其具体做法如图 2-26 所示：要求采用 MU10 砖、M5 水泥砂浆砌筑，沟底设有不小于 0.5％的纵向坡度，起点深度 120 mm，每 30～40m 设变形缝，缝宽 30mm 灌建筑嵌缝油膏。

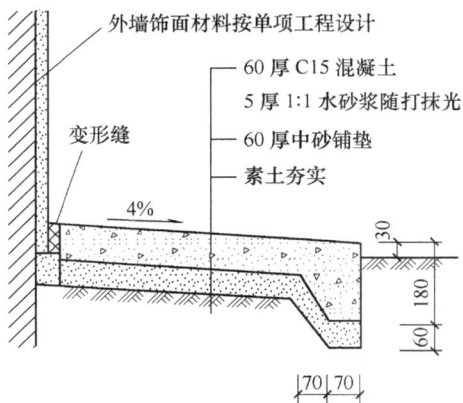

图 2-25　混凝土散水

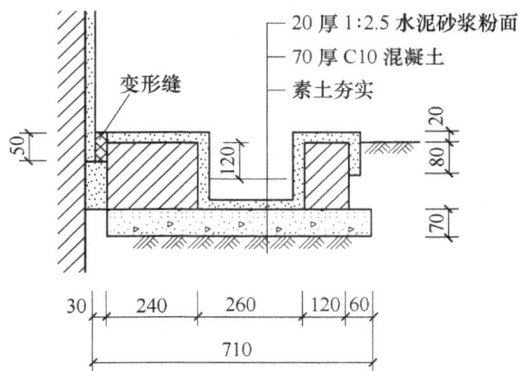

图 2-26　砖砌明沟

（2）墙身防潮层。墙身防潮层的作用是阻止地基土中的水分因毛细管作用进入墙身，以提高墙身的坚固性和耐久性，并保持室内干燥卫生。防潮层的位置要设在室内地面标高以下、室外地坪标高以上，通常设在室内地面混凝土垫层处的墙身上，位于室内地面以下60mm处（室内±0.00m 一皮砖的下面），如图 2-27 所示。其做法有多种：

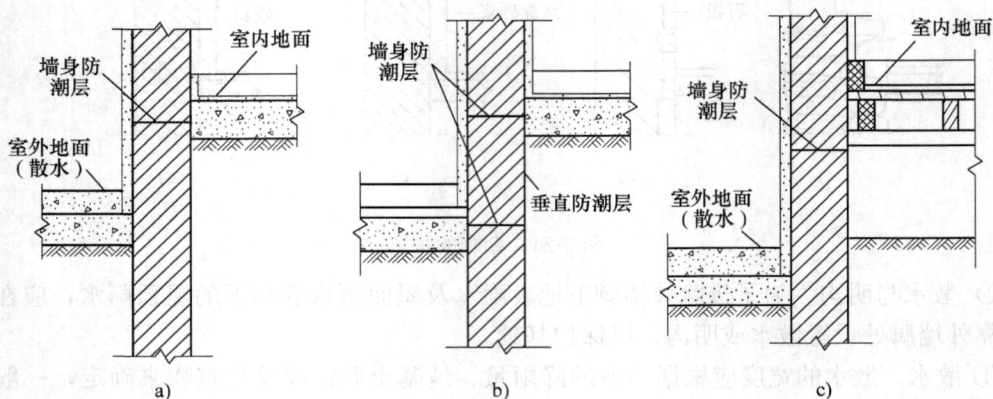

图 2-27　墙身防潮层位置

1）防水砂浆防潮层，即用 20mm 厚的 1∶2 水泥砂浆加入水泥质量 5％的防水剂。

2）防水砂浆砌筑砖防潮层，即用防水砂浆砌筑 3～5 皮砖防潮。

3）油毡防潮层，采用干铺油毡或一毡二油防潮层，要求油毡搭接长度不小于 100mm，油毡比墙体每侧宽出 10mm。油毡防潮效果好，但砖墙与基础墙连接不好，不利于抗震，故不宜用于地震地区或有振动荷载作用的建筑。

4）钢筋混凝土带。捣制 60mm 厚 C15 或 C20 混凝土带，内配 3φ6 或 3φ8 纵筋，φ6@250mm 分布筋。由于它的防潮性能和抗裂性能都很好，且与砖砌体结合紧密，故适应于整体刚度要求较高的建筑中。

在有地圈梁的建筑中，当地圈梁标高合适时，也可用地圈梁兼做墙身防潮层。

墙身水平防潮层应连续封闭，当建筑物两侧地面标高不同时，在每侧地表下 60mm 处应分别设置防潮层，并在两个防潮层间加设垂直防潮层；在接触土的墙上勾缝或用水泥砂浆抹灰 15～20mm 后，再涂刷热沥青两道，见图 2-27b 所示。

（3）门窗过梁、窗台

1）门窗过梁。门窗洞口上的横梁叫门窗过梁，其作用是承受门窗洞口上部的荷载，并将荷载传到洞口两侧的墙体上。过梁的种类有：砖砌平拱过梁、钢筋砖过梁、钢筋混凝土过梁。过梁的跨度，不应超过下列规定：砖砌平拱过梁为 1.2m、钢筋砖过梁为 1.5m。对有较大振动荷载或可能产生不均匀沉降的房屋，应采用钢筋混凝土过梁。目前，常用的是钢筋混凝土过梁。

① 砖砌平拱过梁。砖砌平拱过梁系砖石建筑中的传统做法，它是利用砖抗压强度较高的特点，由拱体传递上部荷载，其构造如图 2-28 所示。它由普通砖侧砌而成，要求砖强度等级不低于 MU10，砖应为单数并对称于中心向两边倾斜，平拱高度不小于 240mm；砂浆强度等级不低于 M5，灰缝呈楔形，上宽（不大于 15mm）下窄（不大于 5mm）；平拱的底

面中心要较两端提高跨度的 1/100（称起拱），起拱的目的是拱受力下沉后使底面平齐。

　　砖砌平拱过梁的两端下部应伸入墙内 20～30mm，不得用于有较大振动荷载、集中荷载或可能产生不均匀沉降的房屋。

　　② 钢筋砖过梁。钢筋砖过梁是在砖缝里配置钢筋，形成可以承受荷载的加筋砖砌体，如图 2-29 所示。钢筋砖过梁底面砂浆层处的钢筋，其直径不应小于 5mm，间距不宜大于 120mm；钢筋伸入支座砌体内的长度不宜小于 240mm，砂浆层的厚度不宜小于 30mm，砂浆强度等级不低于 M5。

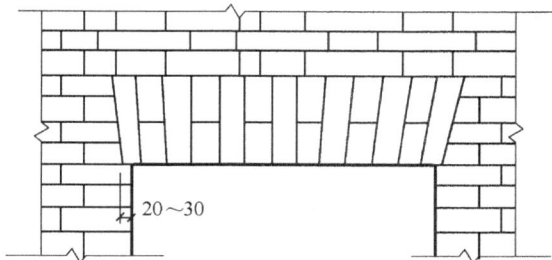

图 2-28　砖砌平拱过梁

图 2-29　钢筋砖过梁

　　③ 钢筋混凝土过梁。钢筋混凝土过梁宽度一般与墙厚相同，在墙内的支承长度不小于 250mm，梁高及钢筋配置由结构计算确定。为了施工方便，梁高应与砖的皮数相适应，以方便墙体连续砌筑，故常见梁高为 60mm、120mm、180mm、240mm。梁的截面常做成矩形或 L 形，如图 2-30a 所示。它适用于各种洞口宽度及荷载较大和各种振动荷载作用情况，可预制、可现浇，施工方便，

图 2-30　钢筋混凝土过梁

使用得最普通。其中，L 形过梁主要用于外墙，如图 2-30b 所示，挑出部分又称为遮阳板。由于钢筋混凝土比砖砌体的热导率大，热工性能差，故钢筋混凝土构件比相同面积砖砌体部分的热损失要多，表面温度也就相对低一些，出现"冷桥"现象；在寒冷地区因保温要求，为了减少热损失，外墙上过梁布置常采用如图 2-30c 所示形式。

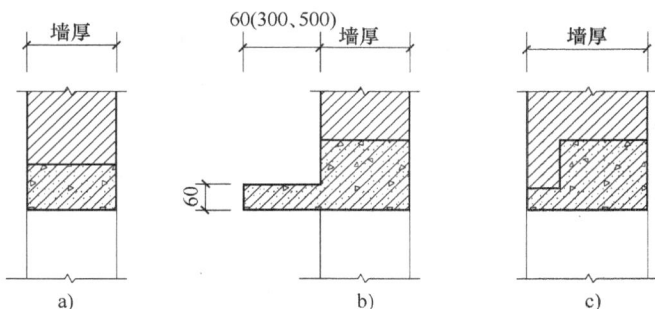

　　2）窗台。窗台是窗洞下部的泄水构件，为排除窗外侧流下的雨水，窗台一般应凸出墙面 60mm 左右，上表面做成向外倾斜的不透水表面层，下表面设滴水。

窗台的做法如图 2-31 所示,有砖砌窗台和预制钢筋混凝土窗台之分,上面加以水泥砂浆或水刷石或贴面砖等。

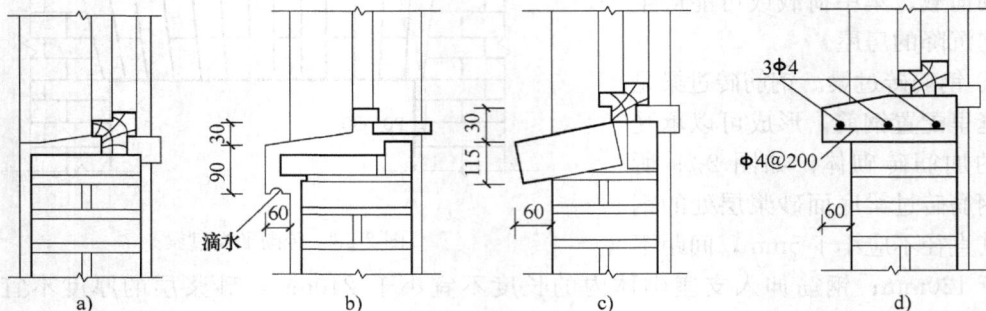

图 2-31　窗台构造
a) 不悬挑窗台　b) 平砌砖窗台　c) 侧砌砖窗台　d) 预制钢筋混凝土窗台

当窗框安装在墙中部时,窗洞下靠室内一侧要求做内窗台,以方便清扫并防止墙身被破坏。内窗台一般用水泥砂浆粉面,标准较高的房屋或窗台下设暖气片槽时,内窗台可采用预制水磨石板、大理石板或木板。

(4) 圈梁。圈梁又称腰箍,它是沿外墙四周及部分内墙设置的连续封闭的梁。其作用是增强房屋的整体刚度和稳定性,防止由于地基的不均匀沉降或较大振动荷载对房屋的不利影响。

圈梁的数量与房屋层数、高度、地基土状况及当地地震烈度等因素有关。圈梁常设于基础内、楼盖处、屋顶檐口处,宜连续地设在同一水平面上并形成封闭状。当圈梁被门窗洞口截断时,应在洞口上部增设相同截面的附加圈梁,附加圈梁与圈梁的搭接长度不应小于两者中轴垂直距离的两倍,且不得小于 1m,如图 2-32 所示。

圈梁常采用钢筋混凝土圈梁,也可采用钢筋砖圈梁。钢筋混凝土圈梁的宽度宜与墙厚相同,当墙厚≥240mm,其宽度不宜小于 $2/3h$;高度应为砖厚

图 2-32　圈梁

的整倍数,并不小于 120mm;纵向钢筋不少于 4 φ 10,绑扎接头的搭接长度按受拉钢筋考虑,箍筋间距不大于 300mm。圈梁兼做过梁时,过梁部分的钢筋应按计算用量另行增配。混凝土强度等级不应低于 C15。地震地区钢筋混凝土圈梁的配筋要求更高。钢筋砖圈梁应采用不低于 M5 水泥砂浆砌筑,高度为 4~6 皮砖,纵向钢筋不少于 6 φ 6,水平间距不大于 120mm,分上下两层设在圈梁顶部和底部的水平灰缝内。

(5) 构造柱。在墙中设置的钢筋混凝土小柱称为构造柱,如图 2-33 所示。它不承受竖向压力和弯矩,而是作为墙体的一部分,对墙体起约束作用,提高墙体的抗剪能力和延性,进而提高整幢房屋的抗侧力性能,防止或延缓房屋在地震影响下发生突然倒塌。

砖砌体房屋的各种层数和烈度在外墙四角、错层部位的横墙与外墙交接处、较大洞口两

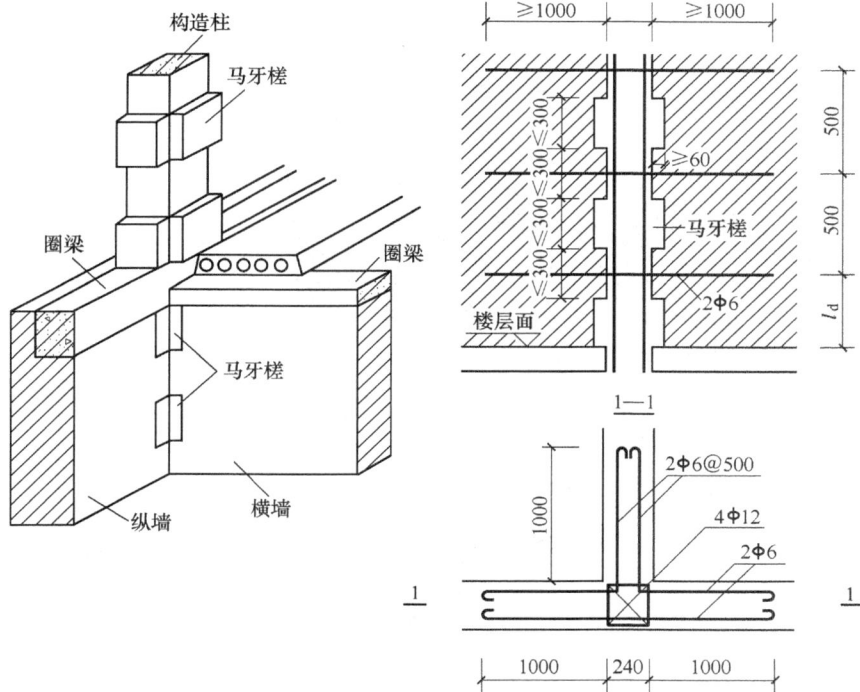

图 2-33 构造柱

侧、大房间内外墙交接处均应设置构造柱，这是因为这些部位受力较复杂，地震时容易破坏；此外，大楼和电梯间四角也常设置，以保证它们作为地震时的安全疏散通道。

构造柱必须与圈梁及墙体紧密相连。构造柱与墙体的连接处宜砌成马牙槎，构造柱可不单独设置基础，但应伸入室外地面下 500mm，或锚入距室外地面小于 500mm 的基础圈梁内。当遇有管沟时，应伸到管沟下；上端锚固于顶层圈梁或女儿墙压顶内；柱内沿墙高每500mm 伸出 2Φ6 锚拉筋和墙体连接，每边伸入墙内不少于 1m。构造柱的最小截面尺寸为180mm×240mm，混凝土强度等级不低于 C15，纵向钢筋宜采用 4Φ12，箍筋直径不应小于Φ6，箍筋间距不宜大于 200mm；同时，在柱的上下端、钢筋搭接处和在圈梁相交的节点处等适当加密：加密范围在圈梁上下均不应小于 1/6 层高及 450 mm 中的较大者，箍筋间距不宜大于 100mm。房屋四大角的构造柱可适当加大截面及配筋。

2.2.3 砌块墙

砌块墙是指利用在预制厂生产的块材所砌筑的墙体，如图 2-34 所示。其最大优点是可以采用素混凝土或能充分利用工业废料和地方材料，且制作方便、施工简单，不需大型的起重运输设备，具有较大的灵活性；它既容易组织生产，又能减少对耕地的破坏和节约能源，因此在墙体改革中，应大力发展砌块墙体。

1. 砌块的材料、规格和类型

（1）砌块的材料。生产砌块应结合各地区的实际情况，因地制宜，就地取材。目前，各地广泛采用的材料有混凝土、加气混凝土、各种工业废料、粉煤灰、煤矸石、石渣等。

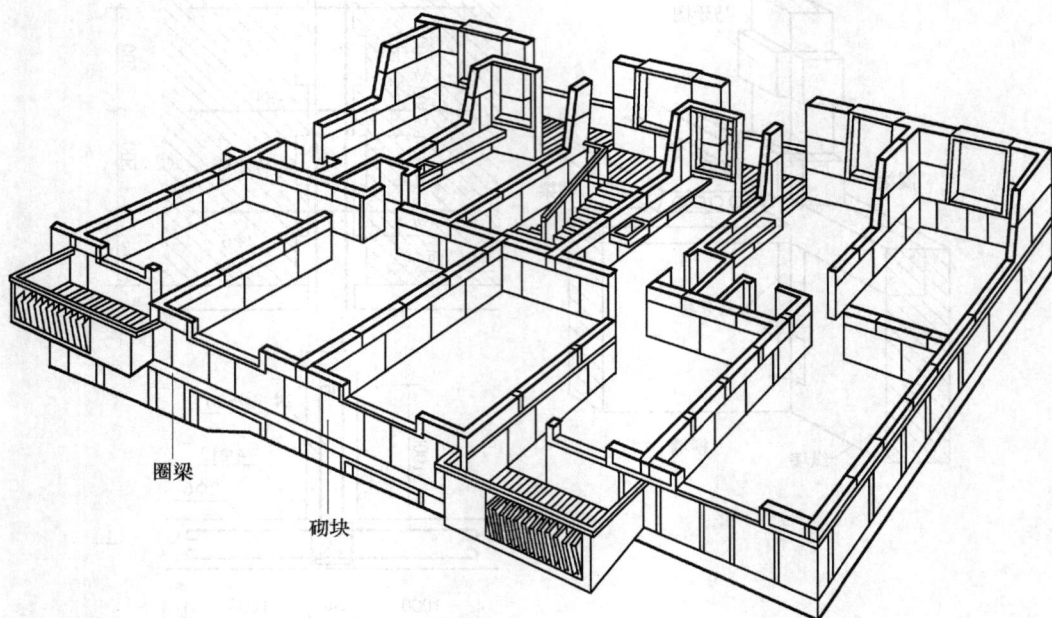

圈梁

砌块

图 2-34 砌块建筑表示

（2）砌块的规格及其类型。我国各地生产的砌块，其规格、类型极不统一，但从使用情况看，以中、小型砌块和空心砌块居多，如图 2-35 所示。

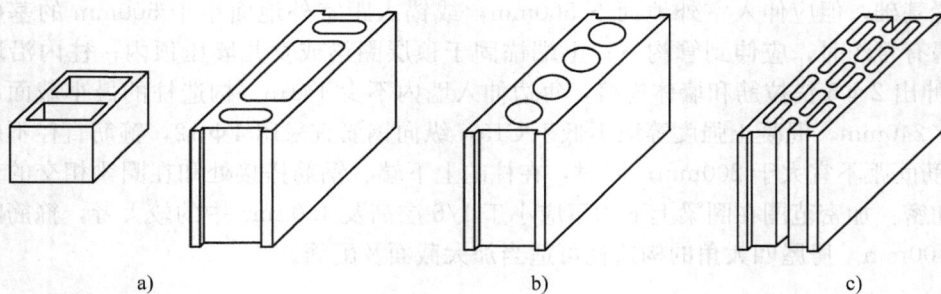

a)   b)   c)

图 2-35 空心砌块的形式

a) 单排方孔　b) 单排圆孔　c) 多排扁孔

在考虑砌块规格时，首先必须符合《建筑模数协调统一标准》（GBJ 2—1986）的规定；其次是砌块的型号越少越好，且其主要砌块在排列组合中，使用的次数越多越好；另外，砌块的尺度应考虑到生产工艺条件，施工和起重、吊装的能力以及砌筑时错缝、搭接的可能性；最后，在确定砌块时既要考虑到砌体的强度和稳定性，也要考虑到墙体的热工性能。

1）混凝土小型砌块。目前，我国各地采用的小型砌块有实心砌块和空心砌块之分。其外形尺寸多为 390mm × 190mm × 190mm，辅助块尺寸为 190mm × 190mm × 90mm 和 190mm × 190mm × 190mm。

2）中型砌块。当前，我国采用的中型砌块有空心砌块和实心砌块之分。其尺寸各地均不统一，由各地区使用材料的力学性能和成形工艺确定。但常见的空心砌块尺寸为 630mm × 180mm × 845mm、1280mm × 180mm × 845mm 和 2130mm × 180mm × 845mm；实心砌块的尺寸为 280mm × 240mm × 380mm、430mm × 240mm × 380mm、580mm × 240mm × 380mm 和 880mm × 240mm × 380mm。在满足建筑热工性能和其他使用要求的基础上，力求形状简单、细部尺寸合理，且具有良好的受力性能。如图 2-35 所示的空心砌块，有单排方孔、单排圆孔和多排扁孔三种形式，多排扁孔对保温有利。

3）蒸压加气混凝土砌块是以钙质材料和硅质材料为基本材料，用铝粉做加气剂，经适宜工艺制成的多孔轻质材料。

2. 砌块的尺寸、组合与墙体构造（以加气混凝土砌块墙为例）

（1）加气混凝土砌块墙的尺寸。加气混凝土砌块墙厚应根据建筑结构、防火、热工性能和节能等要求确定：砌块外墙、楼梯间墙和分户内墙的厚度不应小于 200mm，其他砌块内墙厚度不应小于 100mm，窗间墙宽度不宜小于 600mm。

加气混凝土砌块用于墙体时，高厚比应按《砌体结构设计规范》（GB 50003—2001）第 6.1 条公式计算确定，也可按《蒸压加气混凝土墙体构造》（05ZJ103）（中南地区建筑标准设计）附录 2 的非承重加气混凝土砌块墙允许高厚比计算高度 H0 表选用。

（2）加气混凝土砌块墙的构造

1）砌筑缝。砌块墙的接缝有水平缝和垂直缝，缝的形式一般有平缝、凹槽缝和高低缝等。平缝制作方便，多用于水平缝；凹槽缝和高低缝可使砌块连接牢固，增加墙的整体性，而且凹槽缝灌浆方便，因此多用于垂直缝。

2）砌块的排列组合与砌块墙的拉结。砌块的组合是件复杂而重要的工作，为使砌块墙合理组合并搭接牢固，必须根据建筑的初步设计进行砌块的试排工作，即按建筑物的平面尺寸、层高，对墙体进行合理分块和搭接，以便正确选定砌块的规格、尺寸。在设计时，必须考虑使砌块整齐、划一，有规律性；不仅要满足上下皮排列整齐，考虑到大面积墙面的错缝、搭接，避免通缝，而且还要考虑内、外墙的交接、咬砌，使其排列有致。此外，应多使用主要砌块，并使其占砌块总数的 70% 以上。采用空心砌块时，上下皮砌块应孔对孔、肋对肋，使上下皮砌块之间有足够的接触面，以保证具有足够的受压面积。

加气混凝土砌块一般不宜与其他块材混砌。墙体砌筑时，墙底部应先砌实心砖（如灰砂砖，页岩砖）或先浇筑 C20 混凝土坎台，其高度 ≥200mm，宽度同墙厚。

① 加气混凝土砌块切锯、开槽、设置预埋件等均应使用专用工具，不得用斧子、瓦刀任意砍劈、剔凿。为便于配料和减少施工中现场的切锯工作量，要求砌块施工前应进行排块设计。

砌块之间的粘接砂浆采用粘接性好的专用砂浆（一般采用 M5 砂浆砌筑），其水平灰缝厚度及垂直灰缝厚度分别宜为 15mm 和 20mm。第一层砌块坎台上，应先用厚度 10～30mm 的专用砂浆做找平层。

② 加气混凝土填充墙砌体的拉结钢筋，其预埋位置应与块体皮数相符合，以准确置于灰缝中；竖向位置偏差不应超过一皮高度。当垂直灰缝大于 30mm 时，必须用 C20 细石混

凝土灌实。

3）砌块墙体在室内地坪以下，室外明沟或散水以上的砌体内，应设置水平防潮层。一般采用防水砂浆或配筋混凝土；同时，应以水泥砂浆做勒脚抹面。

4）过梁与圈梁。过梁是砌块墙的重要构件，它既起连系梁和承受门窗洞孔上部荷载的作用，同时又是一种调节砌块：当层高与砌块高出现差异时，过梁高度的变化可起调节作用，从而使得砌块的通用性更大。

为加强砌块建筑的整体性，多层砌块建筑应设置圈梁。当圈梁与过梁位置接近时，一般圈梁和过梁一并考虑。现浇圈梁整体性强，对加固墙身较为有利，但施工支模较麻烦。

5）设构造柱。为加强砌块建筑的整体刚度，常于外墙转角和必要的内外墙交接处设置构造柱。构造柱多利用空心砌块将其上下孔洞对齐，于孔中配置φ12钢筋分层插入，并用C20细石混凝土分层填实，如图2-36所示。构造柱与圈梁、基础必须有较好的连接，这对抗震加固也十分有利。

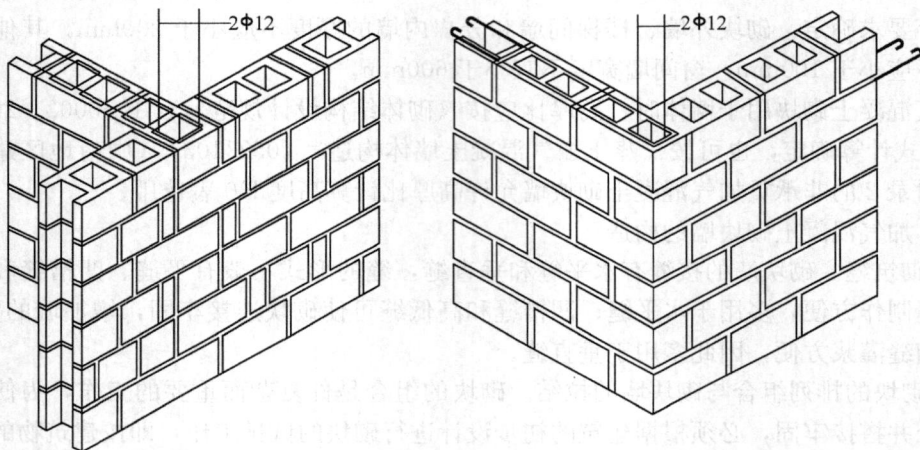

图 2-36　砌块墙构造柱
a）内外墙交接处构造柱　b）外墙转角处构造柱

2.2.4　隔墙构造

隔墙是分隔建筑物内部空间的非承重内墙，其自重由楼板或梁来承担，所以隔墙应尽量满足轻、薄、隔声、防火、防潮，易于拆卸、安装等要求。常用隔墙有砌筑隔墙、立筋隔墙和板材隔墙三种。

1. 砌筑隔墙

砌筑隔墙有砖砌隔墙和砌块隔墙两种。

（1）砖砌隔墙。半砖墙用烧结普通砖全顺式砌筑而成，砌筑砂浆强度等级不低于M5；当墙长超过6m时应设砖壁柱，墙高超过4m时在门过梁处应设通长钢筋混凝土带。为增强隔墙的稳定性，隔墙两端应沿墙高每500mm设2φ6钢筋与承重墙拉结。为了保证砖隔墙不承重，在砖墙砌到楼板底或梁底时，将砖斜砌一皮，或将空隙塞木楔打紧，然后用砂浆填缝，如图 2-37 所示。

　　1/4 砖墙用烧结普通砖侧砌而成，砌筑砂浆强度等级不低于 M5。因稳定性差，一般用于不设门窗的部位，如厨房、卫生间之间的隔墙，并采取加固措施。

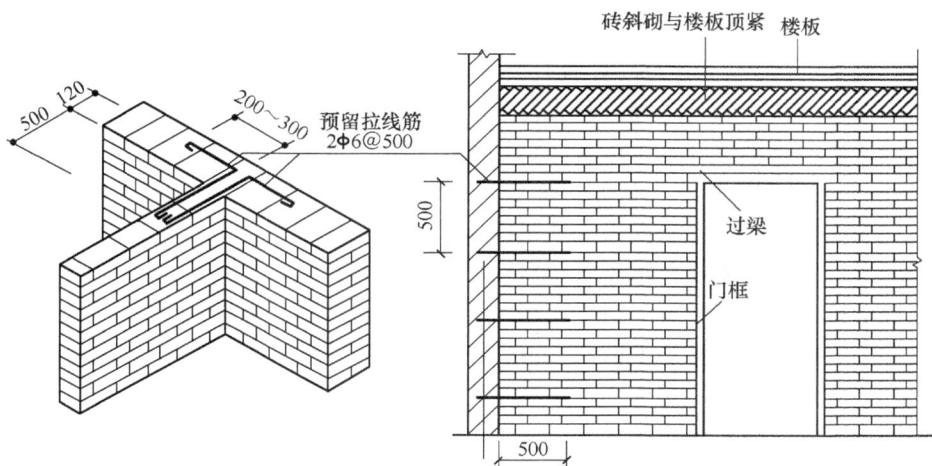

图 2-37　半砖隔墙

　　（2）砌块隔墙。为减轻隔墙自重，可采用轻质砌块，如加气混凝土砌块、粉煤灰砌块、空心砌块等。墙厚由砌块尺寸决定，加固措施同半砖墙，且每隔 1200mm 墙高铺 30mm 厚砂浆一层，内配 2φ4 通长钢筋或钢丝网一层。加气混凝土砌块一般不宜与其他块材混砌。墙体砌筑时，因砌块吸水量大，墙底部应先砌实心砖（如灰砂砖，页岩砖）或先浇筑 C20 混凝土坎台，其高度≥200mm，宽度同墙厚。

2. 立筋隔墙

　　立筋隔墙由骨架和面板两部分组成，骨架又分为木骨架和金属骨架；面板又分为板条抹灰、钢丝网板条抹灰、胶合板、纤维板、石膏板等。

　　（1）板条抹灰隔墙。板条抹灰隔墙是由立筋、上槛、下槛、立筋斜撑或横档组成木骨架，其上钉以板条再抹灰而成，如图 2-38 所示。这种隔墙耗费木材多，施工复杂，湿作用多，不宜大量采用。

　　板条抹灰隔墙木骨架各截面尺寸为 50mm×70mm 或 50mm×100mm，斜撑或横档中距为

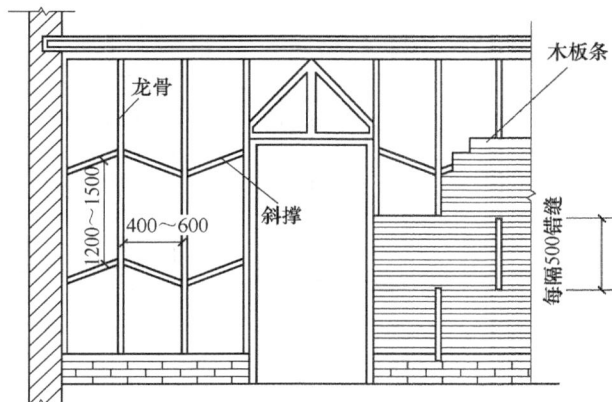

图 2-38　板条抹灰隔墙

1200～1500mm。立筋间距为 400mm 时，板条采用 1200mm×24mm×6mm；立筋间距为 500mm～600mm 时，板条采用 1200mm×38mm×9mm。

钉板条时，板条之间要留 7～10mm 的缝隙，以便抹灰浆能挤到板条缝的背面以咬住板条墙。板条垂直接头每隔 500mm 要错开一档龙骨，考虑到板条抹灰前后的湿胀干缩，板条接头处要留出 3～5mm 宽的缝隙，以利伸缩。考虑防潮防水及保证踢脚板的质量，在板条墙的下部砌 3～5 皮砖。隔墙转角交接处钉一层钢丝网，避免产生裂缝。板条墙的两端边框立筋应与砖墙内预埋的木砖钉牢，以保证板条墙的牢固。隔墙内设门窗时，应加大门窗四周的立筋截面或采用撑至上槛的长脚门框。

为提高板条抹灰隔墙的防潮、防火性能，隔墙表面可采用水泥砂浆或其他防潮、耐火材料，并在板条外增钉钢丝网。也可直接将钢丝网钉在立筋上（注意立筋间距应按钢丝网规格排列），然后在钢丝网上抹水泥砂浆等面层，这种隔墙称为钢丝网板条抹灰隔墙。

（2）立筋面板隔墙。立筋面板隔墙是在木质骨架或金属骨架上镶钉人造胶合板、纤维板等其他轻质薄板的一种隔墙。木质骨架做法同板条抹灰隔墙，但立筋与斜撑或横档的间距应按面板的规格排列。金属骨架一般采用薄型钢板、铝合金薄板或拉眼钢板网加工而成，并保证板与板的接缝在立筋和横档上留出 5mm 宽的缝隙以利伸缩，用木条或铝压条盖缝。采用金属骨架时，可先钻孔，用螺栓固定，或采用膨胀铆钉将面板固定在立筋上，然后在面板上刮腻子再裱糊墙纸或喷涂油漆等。

立筋面板隔墙为干作业，自重轻，可直接支撑在楼板上，施工方便，灵活多变，应用广泛，但隔声效果较差。

3. 板材隔墙

板材隔墙是一种由条板直接装配而成的隔墙。由工厂生产各种规格的定型条板，高度相当于房间的净高，面积也较大。常见的有加气混凝土板、多孔石膏板、碳化石灰空心板等隔墙。

碳化石灰空心板长、宽、厚分别为 2700～3000mm、500～800mm、90～120mm。它是用磨丝生石灰掺入 3%～4% 的短玻璃纤维，加水搅拌入模振动，进行碳化成形而成。制作简单、造价较低、质量轻、干作业施工，有可加工性（可刨、锯、钉），有一定的防火、隔音能力。安装时，板顶与上层楼板连接可用木楔打紧，条板之间的缝隙用水玻璃胶粘剂或107 聚合水泥砂浆连接，安装完毕刮腻子找平，再在表面进行装修，如图 2-39 所示。

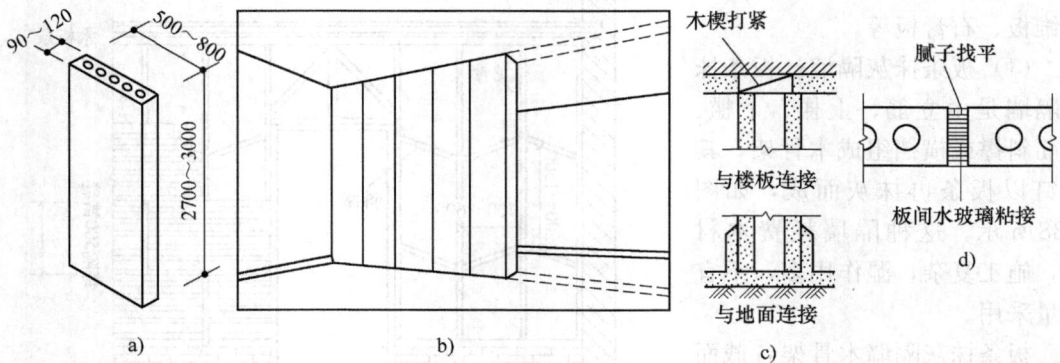

图 2-39　碳化石灰空心板隔墙

a）碳化石灰板尺寸　b）安装　c）隔墙平面节点　d）隔墙剖面图

2.3　楼板层和地面

学习目标：本节重点讲述楼板层、地坪、地面、阳台及雨篷的构造；重点掌握钢混楼板层的构造要求及其构造措施，阳台的结构特点及阳台栏杆、栏板构造，雨篷的构造要求。

楼板层是建筑物中水平分隔空间的结构构件，它不仅能承受自重和使用荷载，并将其传递给墙或柱，而且对墙体也起着水平支撑的作用。

地层是建筑物中与土层直接接触的水平构件，承受着作用在它上面的各种荷载，并将其传递给地基。

地面是指楼板层和地层的面层部分，它直接承受上部荷载的作用，并将荷载传给下部的结构层或垫层。同时，地面对室内又有一定的装饰作用。

2.3.1　楼板层的基本构成及其分类

1. 楼板层的基本构成

楼板层一般由若干层组成，各层所起的作用不同，如图 2-40 所示。

（1）面层：又称楼面或地面。起着保护楼板层、分布荷载、室内装饰等作用。

（2）结构层：又称楼板。由梁、板或拱组成，承受着整个楼板层的荷载。

（3）顶棚层：又称天花板。是楼板层的最下面部分，起着保护楼板、安装灯具、遮掩各种水平管线设备及装饰室内的作用。在构造上有直接抹灰顶棚、粘贴类顶棚和吊顶棚等多种形式。

（4）附加层：又称功能层。用以满足隔声、防水、隔热、保温和绝缘等作用。

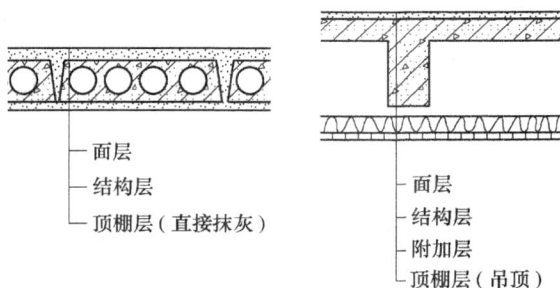

图 2-40　楼板层的组成

2. 楼板的类型

楼板层按其结构层所用材料的不同，可分为木楼板、砖拱楼板、钢筋混凝土楼板、压型钢板与混凝土组合楼板等多种形式。

木楼板虽具有自重轻、构造简单、吸热系数小等优点，但其隔声、耐久性和耐火性较差，木材消耗量大，除林区外，现已极少采用。

砖拱楼板虽可以节约钢材、木材和水泥，但由于其自重大，承载力及抗震性能较差，且施工较复杂，目前一般也不采用。

钢筋混凝土楼板因其承载能力大、刚度好，且具有良好的耐久性、耐火性和可塑性，目前被广泛采用。按其施工方式不同，钢筋混凝土楼板可分为现浇式、装配式和装配整体式三种类型。近年来，由于压型钢板在建筑上的应用，又出现了一种以压型钢板为底模的钢衬板楼板。

2.3.2 钢筋混凝土楼板

1. 现浇钢筋混凝土楼板

现浇钢筋混凝土楼板是经在施工现场支模、绑筋、浇筑混凝土等施工程序而成形的楼板结构。由于是现场浇筑成形的，所以这种楼板的整体性好，而且有利于抗震。但现场湿作业量大、劳动强度高、工序多、工期长，主要适用于整体性要求较高的高层建筑和平面布置不规划、尺寸不符合模数要求或管道穿越较多的楼层。

现浇钢筋混凝土楼板可分为板式楼板、梁板式楼板、井式楼板、无梁楼板和压型钢板混凝土组合楼板等。

（1）板式楼板。当房间的跨度不大时，楼板内不设梁，板直接支承在四周的墙上，荷载由板直接传给墙体，这种楼板称为板式楼板；当板的长短边之比大于 2 时，板基本上沿短边方向受力，称单向板，板中受力筋沿短边方向布置；当板的长短边之比小于或等于 2 时，板沿双向受力，称为双向板。板中受力钢筋沿双向布置，这种楼板底面平整，施工简便，适用于小跨度房间，如走廊、厕所和厨房等，如图 2-41 所示。

（2）梁板式楼板（图 2-42）。当房间的跨度较大时，板的厚度和板内配筋均会增大。为使板的结构经济合理，常在板下设梁以控制板的跨度，这样楼板上的荷载就先由板传给梁，再由梁传给墙或柱，这种楼板称为梁板式楼板或梁式楼板。梁有主梁和次梁之分：主梁可沿房间的横向或纵向布置；次梁通常垂直于主梁布置。主梁搁置在墙或柱上，次梁搁置在主梁上，板搁置在次梁上，次梁的间距即为板的跨度。

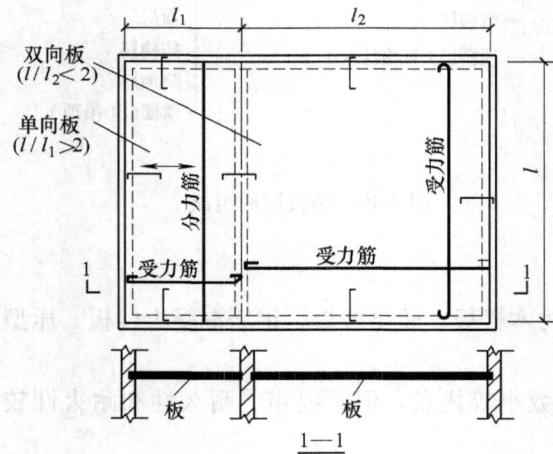

图 2-41　板式楼板

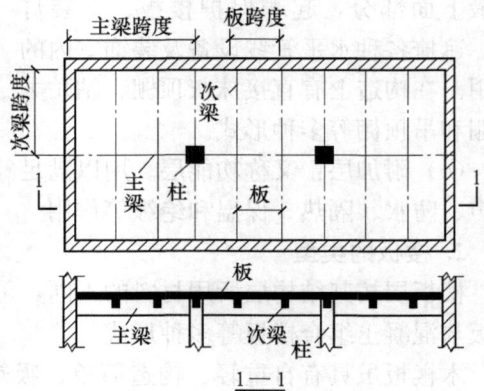

图 2-42　梁板式楼板

梁支承在墙上，为避免把墙压坏，保证可靠传递荷载，支点处应有一定的支承面积。规范规定了梁的最小搁置长度，在砖墙上的搁置长度与梁的截面高度有关：当梁高小于或等于 500mm 时，搁置长度应不小于 180mm；当梁高大于 500mm 时，搁置长度应不小于 240mm。在工程实践中，一般次梁的搁置长度宜采用 240mm，主梁宜采用 370mm。当梁的荷载较大，经验算墙的支承面积不够时，可设置梁垫，以防止局部挤压而使砖砌体遭到破坏。梁垫既可现浇，也可预制（图 2-43）。

（3）井式楼板（图 2-44）。井式楼板是梁板式楼板的一种特殊布置形式。当房间尺寸较大，且接近正方形时，常将两个方向的梁等距离布置，不分主次梁。为了美化楼板下部的图案，梁格可布置成正交正放、正交斜放或斜交斜放。

（4）无梁楼板（图 2-45）。无梁楼板是将板直接支承在柱上，而不设主梁或次梁的结构，当荷载较大时，为了增大柱子的支承面积和减小跨度，可在柱顶上加设柱帽。楼板下的柱应尽量按方形网格布置，间距在 6m 左右较为经济，板厚不宜小于 120mm。与其他楼板相比，无梁楼板顶棚平整、室内净空大、采光通风效果好，且施工时模板架设简单。

（5）压型钢板组合楼板（图 2-46）。压型钢板组合楼板

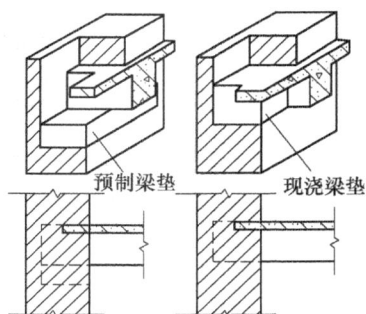

图 2-43　混凝土梁垫

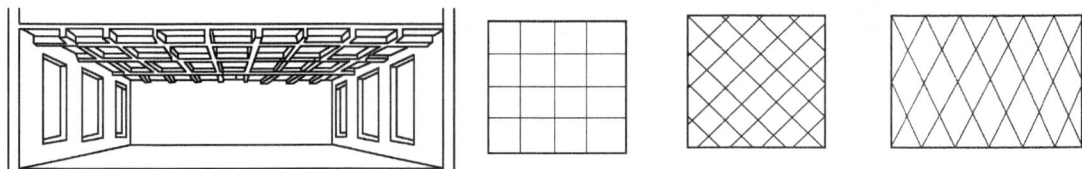

图 2-44　井式楼板及梁的布置

是在型钢梁上铺设压型钢板，以压型钢板为底模，在其上现浇混凝土，形成整体的组合楼板。这种楼板的混凝土和钢衬浇筑在一起共同受力，混凝土受剪力和压应力，衬板承受下部的弯拉应力。同时，也是永久性的模板，板内仅放部分构造筋即可。这种楼板具有承载能力大、刚度大和耐久性好等优点，而且比钢筋混凝土楼板自重轻、施工速度快、承载力更高。但其用钢量大，造价较高，且耐火性和耐锈蚀性不如钢筋混凝土楼板。

压型钢板混凝土组合楼板是由面层、组合板和钢梁三部分构成，其中组合板包括现浇混凝土和钢衬板部分。

根据砖型钢板形式的不同，有单层和双层钢衬板之分。

双层压型钢板通常是由两层截面的相同的压型钢板组合而成，也可由单层砖型钢板和单层平钢板组成（图 2-47）。

双层压型钢板的楼板承载能力更好，两层板之间形成的空腔便于布置设备管线。

（6）钢衬板之间的连接以及钢衬板与钢梁的连接，一般是采用焊接、自攻螺栓、膨胀铆钉或压边咬接的方式（图 2-48）。

2. 预制装配式钢筋混凝土楼板

预制装配式钢筋混凝土楼板是把预制构件厂或现场制作的钢筋混凝土板安装并合而成的

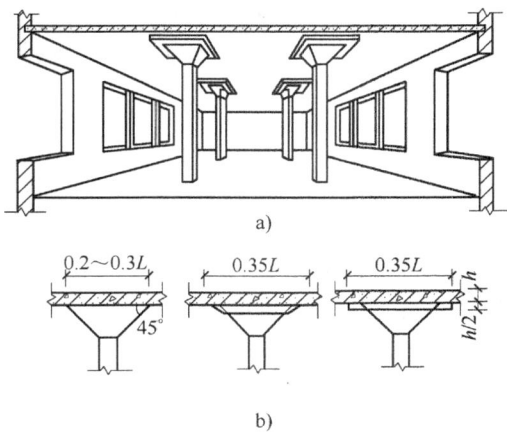

图 2-45　无梁楼板

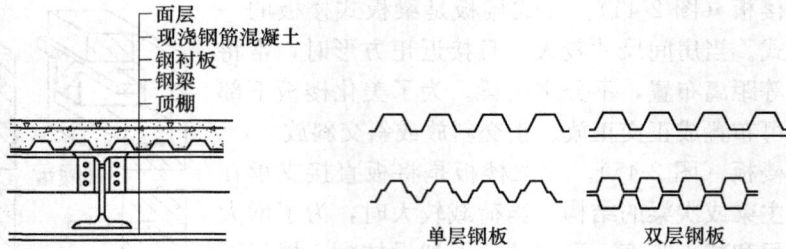

图 2-46 压型钢板组合楼板

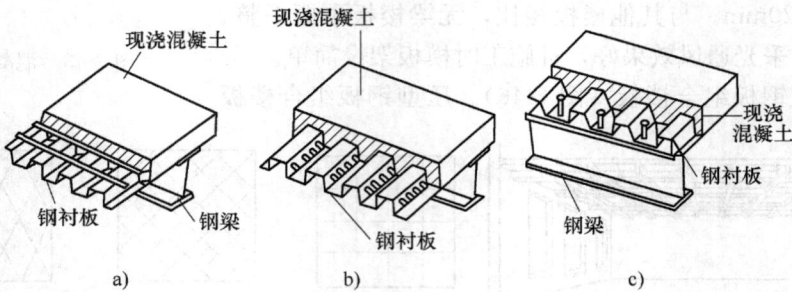

图 2-47 单层钢衬板组合楼板

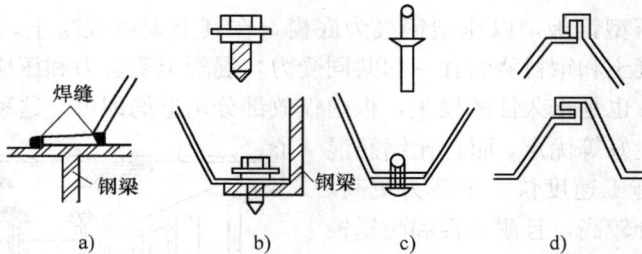

图 2-48 钢衬板之间的连接以及钢衬板与钢梁的连接

a) 焊接　b) 自攻螺栓　c) 膨胀铆钉　d) 压边咬接

楼板。这种楼板不在施工现场浇筑混凝土，可极大地节省模板，缩短工期，而且施工不受季节限制，有利于实现建筑工业化。但整体性较差，在有较高抗震设防要求的地区应当慎用。

预制钢筋混凝土板可分为预应力和非预应力两种。采用预应力构件，可推迟板裂缝的出现，限制裂缝的发展，从而提高构件的承载力和刚度。预应力与非预应力构件相比较，可节省钢材 30％～50％，节省混凝土 10％～30％，且能使自重减轻，造价降低。

（1）预制装配式钢筋混凝土楼板的类型。预制装配式钢筋混凝土楼板一般有实心平板、空心板和槽形板三种类型。

1）实心平板（图 2-49）。实心平板上下板面平整、制作简单，宜用于荷载不大、小跨度的走廊楼板、楼梯平台板、阳台板及管道沟盖板等处。板的两端支承在墙或梁上，跨度一般在 2.4m 以内。

2）空心板（图 2-50）。楼板属受弯构件，当其受力时，

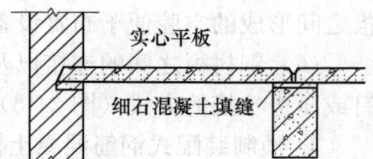

图 2-49 实心平板

截面上部受压、下部受拉，中性轴附近内力较小，因此为节省材料和减轻自重，可去掉中性轴附近的混凝土，形成空心板。空心板孔洞的形状有圆形、长圆形和矩形等。

空心板的厚度根据跨度有 110mm、120mm、180mm、240mm 等，板宽有 600mm、900mm、1200mm 等。

在安装时，空心板两端常用砖或混凝土填塞，以免灌注端缝时漏浆，并保证板端将上层荷载传递至下层墙体。

3) 槽形板（图 2-51）。槽形板是一种梁板结合的构件，即在实心板的两侧设有纵肋，形成 ∏ 形截面。为了提高板的刚度和便于搁置，在板的两端常设端肋（边肋）封闭。当板的跨度大于 6m 时，在板中应每隔 500～700mm 处增设横肋一道。

槽形板有正置和倒置两种：正置肋向下，受力合理，但底板不平，有碍观瞻，多用做吊顶；倒置肋向上，板底平正，但受力不合理，材料用量较多。为提高保温隔声效果，可在槽内填充保温隔声材料。

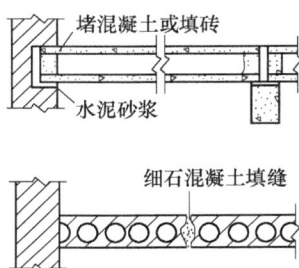

图 2-50 空心板

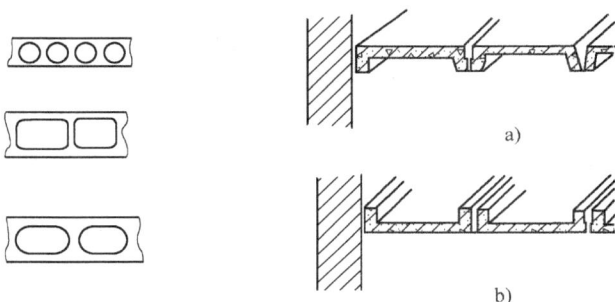

图 2-51 槽形板

（2）预制装配式钢筋混凝土楼板的布置与细部构造

1) 板的布置（图 2-52）。板的支承方式有板式和梁板式两种。板在梁上的搁置方式一般有两种：一种是板直接搁在矩形梁或 T 形梁上；另一种是板搁在花篮梁或十字形梁肩上，板的上皮与梁顶面平齐。在梁高不变的情况下，楼板所占高度小，相当于提高了室内净空。

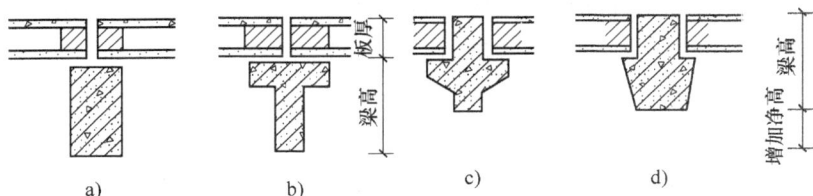

图 2-52 板在梁上的搁置方式

在布置楼板时，一般要求板的规格和类型越少越好，以简化板的制作与安装。因预制板都是单向板，若板纵边伸入墙内，则板的上部受压区会受拉，从而导致板沿肋边开裂。板的布置应避免出现三面支承情况，即靠墙的纵边不应搁置在墙上（图2-53）。

当板的横向尺寸（板宽方向）与房间平面尺

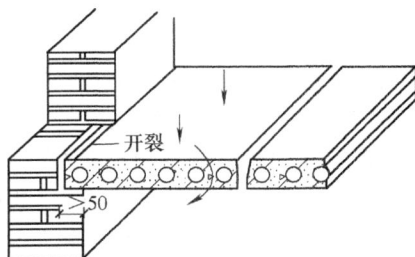

图 2-53 三面支承板

寸出现空隙时，需要进行板缝的调整。当缝宽在 60mm 以内时，调整板缝宽度；当缝宽在 60～120mm 时，可沿墙边挑两皮砖；当缝宽在 120～200mm 之间，或因竖管沿墙边通过及板缝间设有轻质隔墙时，则可做局部现浇板带；当缝宽超过 200mm 时，则需要重新选择板的规格（图 2-54）。

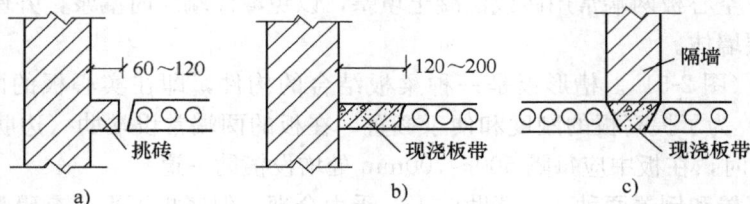

图 2-54　调缝处理

2）板的细部构造

① 板的搁置及板缝处理。当板搁置在墙或梁上时，必须保证楼板放置平稳，使板和墙、梁有很好的连接。首先要有足够的搁置长度，一般在砖墙上的搁置长度应不小于 80mm；在梁上的搁置长度应不小于 60mm。地震地区的板端伸入外墙、内墙和梁的长度分别应不小于 120mm、100mm 和 80mm；其次，必须在梁或墙上铺以水泥砂浆找平，坐浆厚度为 20mm 左右。楼板与墙体、楼板与楼板之间常用锚固钢筋予以锚固（图 2-55）。

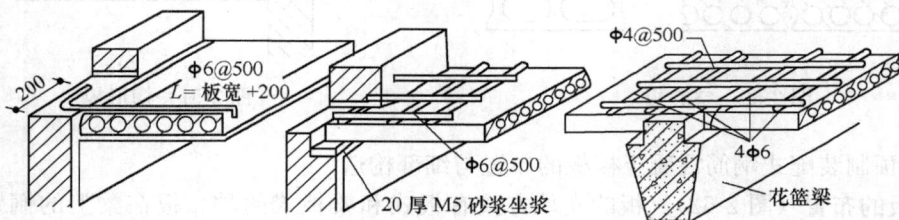

图 2-55　锚固钢筋的配置

板的接缝分为端缝和侧缝两种。端缝一般是以细石混凝土灌筋，使之相互连接。为了增加建筑物抵抗水平力的能力，可将板端留出钢筋交错搭接在一起，或加钢筋网片再灌以细石混凝土。板的侧缝一般有三种形式：V 形、U 形和凹形。其中的凹形接缝抗板间裂缝和错动效果最好（图 2-56）。

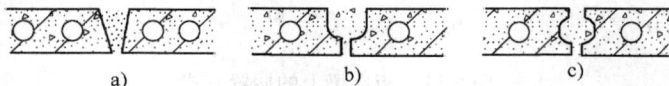

图 2-56　板的侧缝形式

②楼板与隔墙。楼板上设立隔墙时，宜采用轻质材料。不宜将隔墙搁在一块预制板上。通常将隔墙设置在两块板的接缝处。

3. 装配整体式钢筋混凝土楼板

装配整体式钢筋混凝土楼板是采用部分预制构件，经现场安装，再整体浇筑混凝土面层形成的楼板。它兼有现浇和预制钢筋混凝土楼板两者的优点。

（1）密肋填充块楼板（图 2-57）。密肋填充块楼板的密肋有现浇和预制两种。

图 2-57　密肋填充块楼板

（2）叠合楼板（图 2-58）。叠合楼板是由预制板和现浇钢筋混凝土层叠合而成的装配整体式楼板。

为保证预制薄板与叠合层有较好的连接，薄板上表面需做刻槽处理，刻槽直径为 50mm，深 20mm，间距 150mm。也可在薄板上表面露出较规则的三角形结合钢筋。

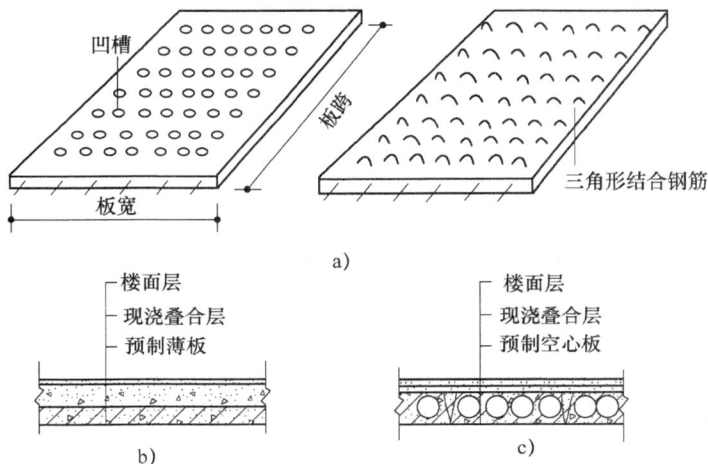

图 2-58　叠合楼板

2.3.3　楼地层的防潮、防水及隔声构造

1. 地层防潮（图 2-59）

（1）设防潮层。具体做法是在混凝土垫层上、刚性整体面层下先刷一道冷底子油，然后铺憎水的热沥青或防水涂料形成防潮层，以防止潮气上升到地面。也可以于垫层下铺一层粒径均匀的卵石或碎石、粗砂等，以切断毛细水的上升通路。

（2）设保温层。室内潮气大多是因室内与地层温差大的原因所致，设保温层可以降低温差，对防潮也起一定的作用。

（3）架空地层。将地层底板搁置在地垄墙上，将地层架空，形成空铺地层，使地层与土壤间形成通风道，可带走地下潮气。

2. 楼地层防水

（1）楼面排水。首先要设置地漏，并使地面由四周向地漏有一定的坡度，从而引导水流入地漏。地面排水坡度一般为 1%～1.5%。另外，有水房间的地面标高应比周围其他房间

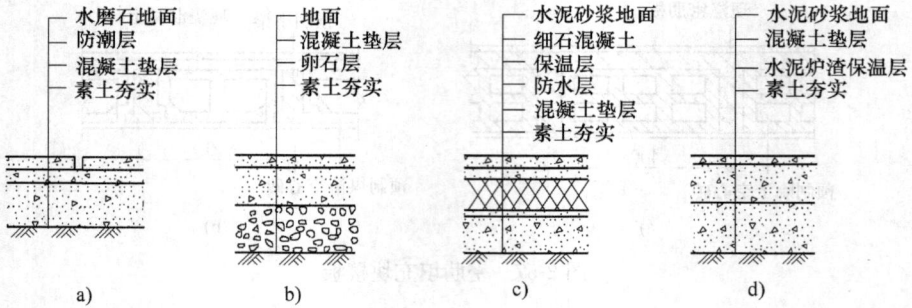

图 2-59　防潮构造

或走廊低 20～30mm；若不能实现标高差时，亦可在门口做高为 20～30mm 的门槛，以防水多时或地漏不畅通时积水外溢。

（2）有水楼层的防水（图 2-60）。有防水要求的楼层，其结构应以现浇钢筋混凝土楼板为好。面层也宜采用水泥砂浆、水磨石地面或贴缸砖、瓷砖、陶瓷锦砖等防水性能好的材料。可在结构层（垫层）与面层间设防水层一道，还应将防水层沿房间四周墙体从下向上延续到至少 150mm，以防墙体受水侵蚀。到门口处应将防水层铺出门外至少 250mm。

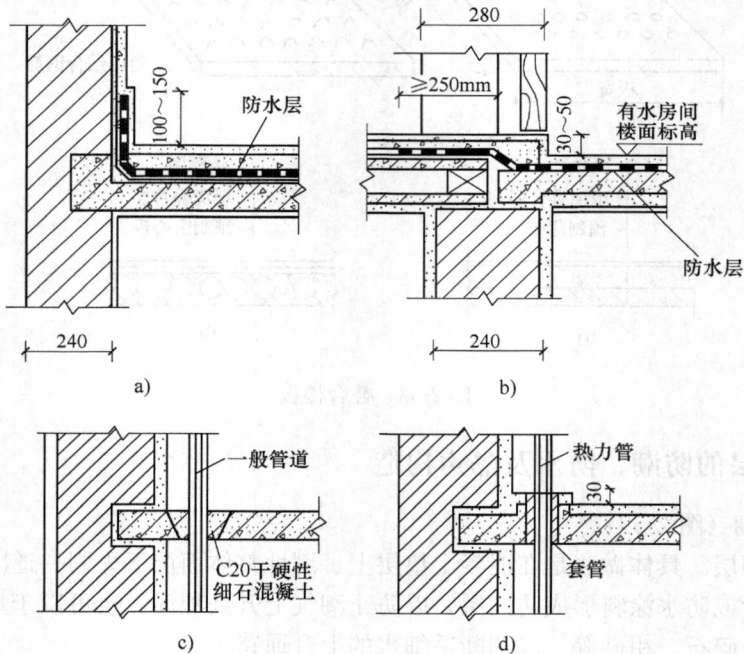

图 2-60　有水楼层防水处理

3. 楼层隔声

楼层隔声的重点是对撞击声的隔绝：

（1）采用弹性楼面。

（2）采用弹性垫层。

（3）采用吊顶。

2.3.4　雨篷与阳台

1. 雨篷

雨篷是在房屋的入口处，为了保护外门免受雨淋而设置的水平构件。多采用钢筋混凝土悬挑式结构，其悬挑长度一般为 0.9～1.5m，端部厚度不小于 50mm。为防止雨篷产生倾覆，常将雨篷与门上过梁浇在一起。雨篷顶面还应采用防水砂浆抹面，厚度一般为 20mm，并应延伸至四周上翻形成高度不小于 200mm 的泛水（图 2-61）。

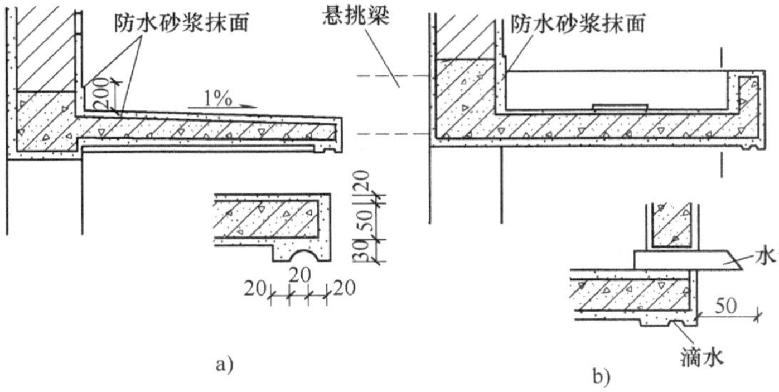

图 2-61　板式及梁板式雨篷

2. 阳台

为人们提供室外休息、眺望、晾晒和从事家务活动的平台，从而改善了楼房的居住条件。

（1）阳台平面形式（图 2-62）。阳台按其与外墙的相对位置，可分为凹阳台、凸阳台和半凸半凹阳台；按建筑平面形式可分为中间阳台和转角阳台；按施工方法可分为现浇阳台和预制阳台。

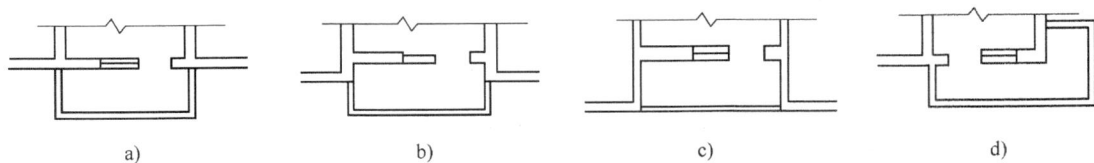

图 2-62　阳台平面形式

1）凹阳台。是将现浇或预制的阳台板简支在两端的墙上，板型尺寸与楼板一致，施工方便，在寒冷地区采用这种形式的阳台可以避免热桥。

2）凸阳台。阳台的承重构件一般为悬挑式的，按悬挑方式的不同有挑板式和挑梁式两种（图 2-63）。

挑梁式阳台由横墙向外挑梁和梁上设板形成。挑梁可与阳台一起现浇，也可预制，挑梁压入墙内的长度一般为悬挑长度的 1.5 倍左右（图 2-64）。

3）半凸半凹阳台的承重构件可按凸阳台的各种做法处理。

（2）阳台的细部构造。阳台的主要构件是阳台板和栏杆扶手。

1）栏杆的形式（图 2-65）。阳台的栏杆与扶手有承担人们倚扶的侧向推力和保障人身

图 2-63 挑板式阳台结构形式

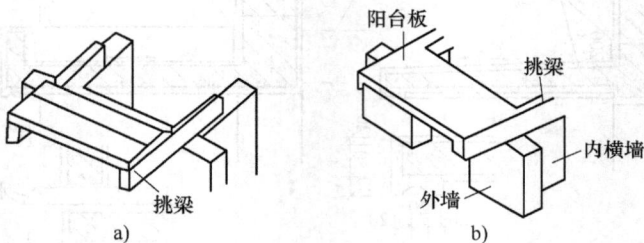

图 2-64 挑梁式阳台结构形式

安全的作用，因此其细部构造必须做到坚固、安全。扶手高度不应低于 1.05m，高层建筑不应低于 1.1m，镂空栏杆的垂直杆件间的净距离不能大于 110mm。此外，栏杆与扶手对整个房间还有一定的装饰作用。

从材料上分类，栏杆有金属、钢筋混凝土和砌体三种；从外形上分类，栏杆有镂空式和实心组合式两种。

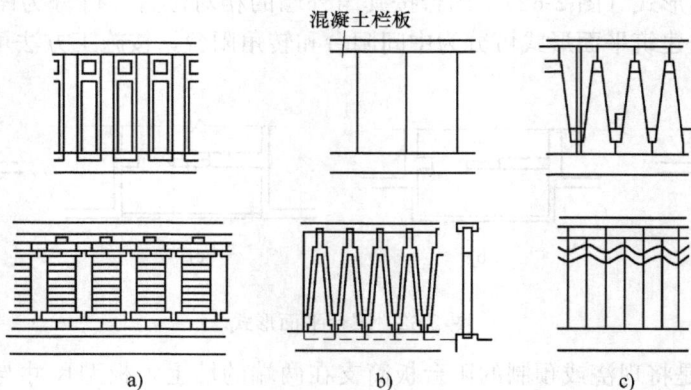

图 2-65 栏杆、栏板的形式

2）栏杆的细部构造

① 栏板或栏杆与阳台板或扶手的连接（图 2-66）。可采用在阳台板上预留孔洞，将栏杆插入，再用水泥砂浆浇筑的方法；也可采用阳台板顶面预埋通长钢板与金属栏杆焊接的办法。

混凝土栏板或栏杆可预留钢筋，与阳台板的预留钢筋及砌入墙内的锚固钢筋绑扎或焊接在一起；预制混凝土栏板也可预埋后再与阳台板预埋件焊接。

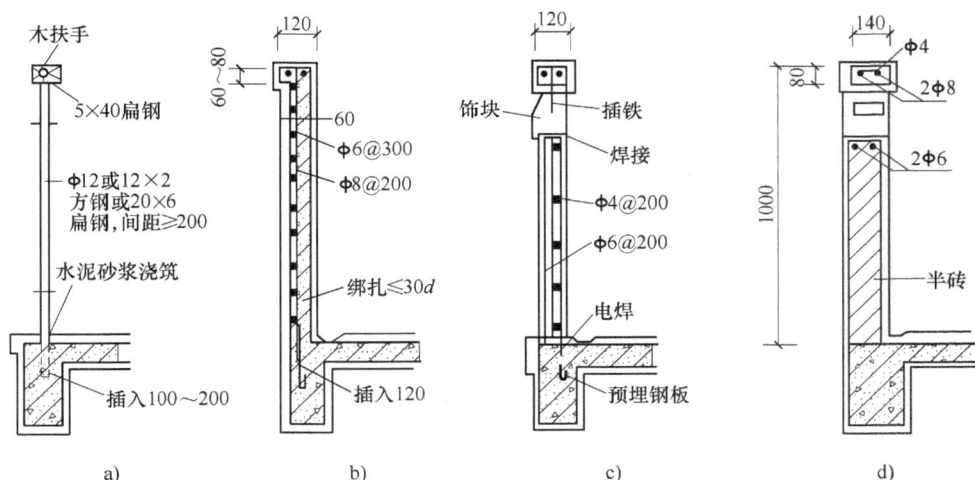

图 2-66 栏板或栏杆与阳台板或扶手的连接

砖砌体栏板的厚度一般为 120mm，在栏板上部的灰缝中加入 $2\phi6$ 通长钢筋，并与砌入墙内的预留钢筋绑扎或焊接在一起，扶手应现浇；也可设置构造小柱与现浇扶手固接，以增加砌体栏板的整体性。

阳台的扶手宽一般至少为 120mm，当上面放花盆时，不应小于 250mm，且外侧应有挡板。

防锈处理：预制混凝土栏杆要求用钢模制作，构件表面光洁平整，安装后不做抹面，只需根据设计加刷涂料或油漆；砖砌体阳台的内外表面要做水泥砂浆抹面。阳台底面做纸灰刷胶白或涂料处理。

② 阳台的排水（图 2-67）。为防止雨水流入室内，阳台地面的设计标高应比室内地面低 $30\sim50$mm。阳台地面向排水口做 $1\%\sim2\%$ 的坡度。排水口埋设 $\phi40$mm 或 $\phi50$mm 的镀锌钢管或塑料管水舌，水舌挑出长度至少为 40mm。

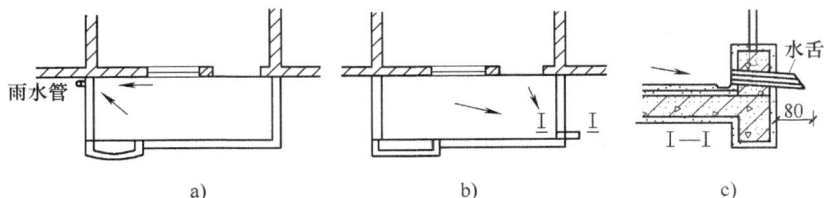

图 2-67 阳台排水处理

2.4 楼梯

学习目标：了解楼梯的组成、尺度，常见楼梯的形式及适用范围；着重掌握一般平行双跑楼梯的计算方法，并能熟练地进行设计；了解钢筋混凝土楼梯的类型、特点和结构形式；着重掌握预制装配式钢筋混凝土梁承式楼梯的构造特点、要求及细部构造；了解台阶与坡道的构造要求及无障碍设计要点。

2.4.1 楼梯的形式及尺度

建筑空间的竖向联系，主要是通过楼梯、电梯、台阶、坡道等竖向交通设施来实现。其中，楼梯是最主要的交通设施，楼梯的数量、疏散宽度应满足消防疏散的能力，即使在设有电梯和自动扶梯的建筑中，也必须同时设置疏散楼梯。

1. 楼梯的组成

楼梯最常用的形式是双跑式楼梯，也称双梯段直跑楼梯。它一般由楼梯段、平台和中间平台、栏杆、扶手所组成，如图 2-68 所示。

(1) 楼梯段。楼梯段是由踏步组成的。踏步的表面称踏面，与踏步面相连的垂直或倾斜部分称踢面。规定一个楼梯段的踏步数一般不应多于 18 级，不应少于 3 级。楼梯段和平台之间的空间称为楼梯井。

(2) 平台和中间平台。平台指连接楼地面与梯段端部的水平部分。

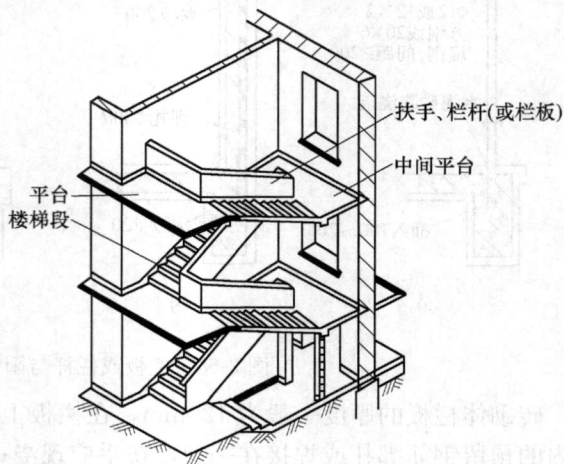

图 2-68 楼梯的组成

(3) 扶手、栏杆（或栏板）。为了保证人们在楼梯上行走安全，楼梯段和平台的临空边缘必须安装栏杆或栏板。栏杆或栏板上部供人用手扶持的配件称扶手。

2. 楼梯的形式

按楼梯所在位置来分，有室内楼梯和室外楼梯。按楼梯的使用性质来分，有主要楼梯、辅助楼梯、疏散楼梯和消防楼梯。按楼梯所用材料来分，有木楼梯、钢楼梯和钢筋混凝土楼梯。

按楼梯的形式来分，有直跑式、转角式、合上双分式、分上双合式、双折式、三折式、四折式、八角式、圆形、螺旋形、弧线形、交叉式和剪刀式等，如图 2-69 所示。

3. 楼梯的尺度

(1) 楼梯梯段的宽度、平台宽度及扶手高度

1) 梯段的宽度。一般供日常主要交通用的公共楼梯的梯段净宽，应根据紧急疏散时要求通过的人流股数来确定。一般每股人流宽度为 (0.55+0~0.15)m 考虑。同时，满足各类建筑设计规范对梯段宽度的限定，如住宅的户内楼梯可按通行单股人流确定其宽度，当一边临空时，不应小于 0.75m；两边为墙时，不应小于 0.9m。住宅的公共楼梯的最小宽度不应小于 1.10m。低于六层的单元式住宅中一边设有栏杆的疏散楼梯，其最小宽度可不小于 1m。

2) 平台宽度。一般楼梯的平台宽度≥梯段的宽度，并不得小于 1.20m。

3) 扶手高度。一般室内楼梯的扶手高度不宜小于 900mm，公共建筑楼梯要求在踏步前缘部设有防滑措施。供儿童出入的场所应增设一道不高于 600mm 的扶手，靠楼梯井侧水平栏杆长度超过 500mm 时，其扶手高度不应小于 1000mm。此外，室外楼梯栏杆高度不应小

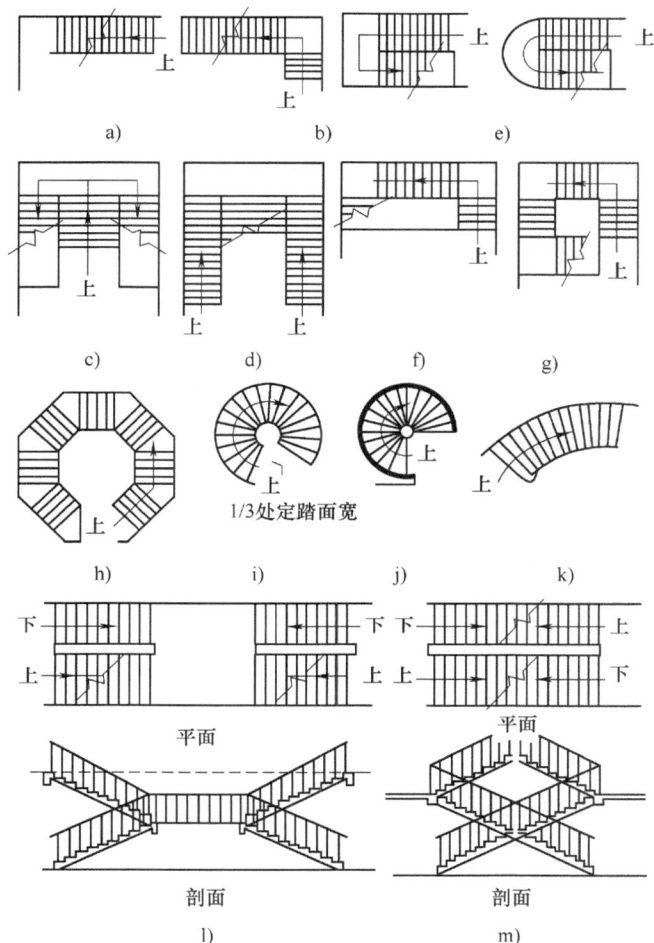

图 2-69　楼梯的形式

a）直跑式　b）转角式　c）合上双分式　d）分上双合式　e）双折式　f）三折式　g）四折式
h）八角式　i）圆形　j）螺旋形　k）弧线形　l）交叉式　m）剪刀式

于 1050mm。高层建筑的栏杆高度应再适当提高，但不宜超过 1200mm。

4）楼梯井宽度。公共建筑中的楼梯井宽度不应小于 150mm（水平净距）。但住宅和中小学校等楼梯井的宽度一般在 60～200mm 之间。

当梯段宽达到三股人流时应两侧设扶手，靠墙扶手距墙面净距应大于 40mm；当达到四股人流时还应在梯段中间增设一道扶手。

（2）楼梯的坡度和踏步的尺寸。楼梯常见的坡度范围为 25°～45°，其中以 30° 左右较为通用。它与楼梯踏步的高宽比有关，如图 2-70 所示。

楼梯的踏步尺寸与楼梯坡度的大小有关，一般按照走一级踏步大致等于一般人行走的步距的原

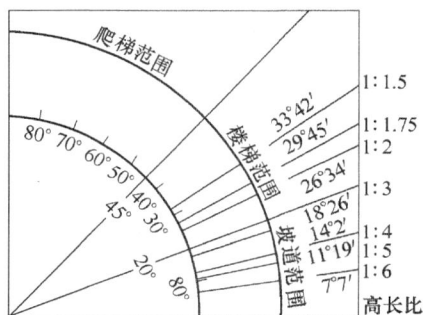

图 2-70　楼梯的坡度

理，换成经验公式计算如下

$$2h + b = 600 \sim 620 \qquad (2\text{-}1)$$

式中　　h ——踏步高度；

　　　　b ——踏步宽度。

楼梯的踏步尺寸应根据建筑的性质和使用要求决定，可参考表 2-4 的规定 。

表 2-4　楼梯适宜的踏步尺寸

名　　称	住　　宅	大中学校、办公室	剧院、公堂	医院（病人用）	幼儿园
踏步高	156~175	140~160	120~150	150	120~150
踏步宽	260~300	280~340	300~350	300	260~300

（3）楼梯的净空高度。主要指平台下净高和梯段净高。在楼梯平台及下部过道处的净高不应小于 2m。梯段净高为自踏步缘线（包括踏步前缘线以外 0.30m 范围内）量测至上方突出物下缘间的铅垂高度不应小于 2.2m，如图 2-71 所示。常用的处理方法有以下几种：①降低室内地坪，但仍要高于室外地坪为妥；②增加第一梯段踏步数，做不等跑式的梯段；③做直跑式楼梯（南方地区或层高不高时可用）；④将①和②综合起来考虑，如图 2-72 所示。

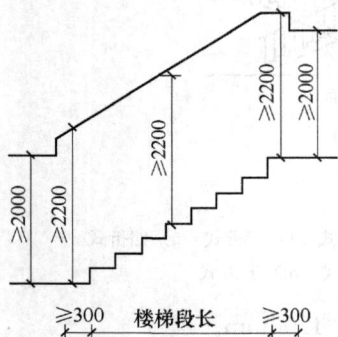

图 2-71　楼梯的净空高度

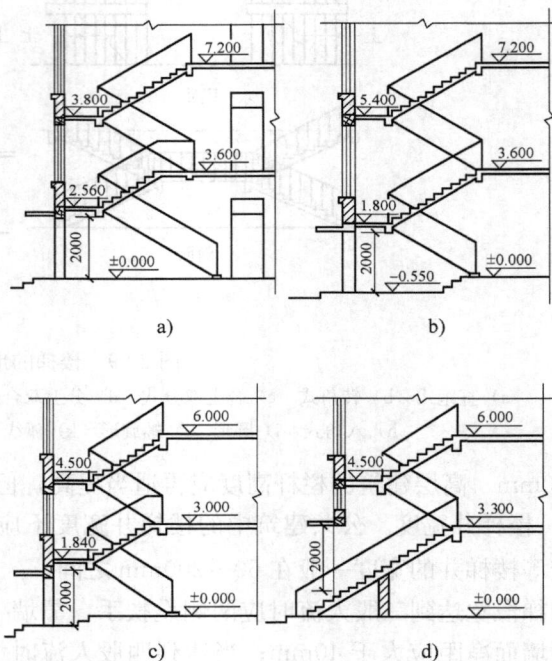

图 2-72　满足楼梯净空高度的方法

2.4.2　钢筋混凝土楼梯构造

钢筋混凝土楼梯具有坚固耐久、整体性和防火性好的优点。钢筋混凝土楼梯按施工方式分为现浇钢筋混凝土楼梯和预制装配式钢筋混凝土楼梯两类。

1. 现浇钢筋混凝土楼梯

现浇钢筋混凝土楼梯按照楼梯段形式分为板式楼梯和梁板式楼梯。

（1）板式楼梯：整个梯段相当于一块斜置于平台梁间的简支板。楼梯的荷载是由板传到平台梁，再由平台梁传到两端的支撑结构上，因此板式楼梯适用于梯段跨度不大、荷载相对较小的楼梯中。板式楼梯具有板底平齐，美观，便于施工、装修等优点，如图 2-73 所示。

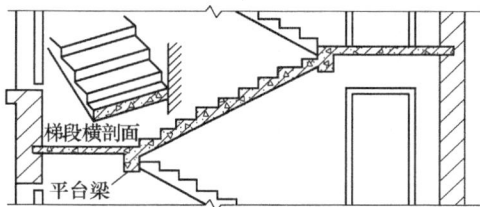

图 2-73　板式楼梯

（2）梁板式楼梯：楼梯的梯段是由板与斜梁组成。楼梯的荷载依次由板传到梯段的斜梁上，再由斜梁传到平台梁上，再传到两端的支撑结构上，因此梁板式楼梯比板式楼梯能承受更大的荷载。梁板式楼梯节省材料，减轻了自重，但板底由于有梁突出而不平整，且施工相对较复杂。

梁板式楼梯中根据斜梁与板的位置不同，又分为明步和暗步两种，如图 2-74 所示。

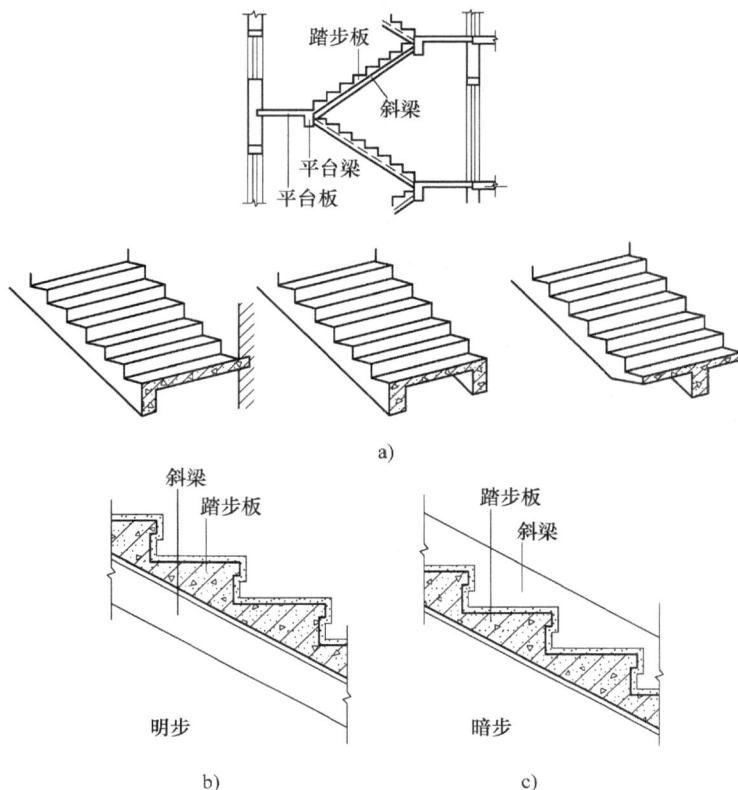

a)

明步

b)

暗步

c)

图 2-74　梁板式楼梯

2. 预制装配式钢筋混凝土楼梯

预制装配式钢筋混凝土楼梯根据构件尺度分为小构件和中、大型构件装配式两类。

（1）小构件装配式楼梯根据不同的预制踏步板与其不同的支承结构的形式可分为墙承式、悬臂式和梁承式三种。

1）墙承式楼梯是将预制好的楼梯踏步板搁置在两端的受力墙上，此时踏步板是简支受力，可以不设平台梁。但中间有墙阻挡了视线，一般在中间墙上设窗口，如图 2-75 所示。

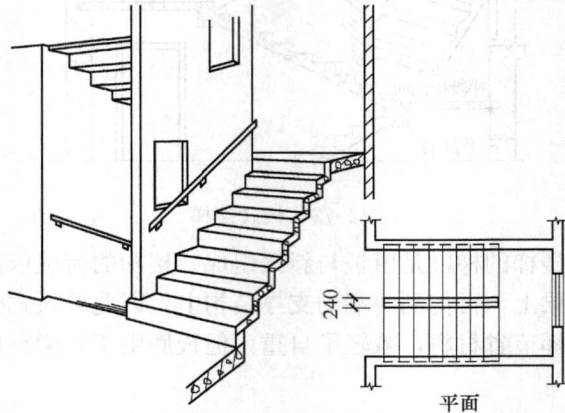

图 2-75　墙承式楼梯

2）悬臂式楼梯是将预制好的楼梯踏步板的一端搁置于受力墙上，而另一端悬挑。其构造简单，施工方便。通常，悬臂式楼梯的臂长不超过 1.5m。在有冲击荷载或地震区不宜采用悬臂式楼梯，如图 2-76 所示。

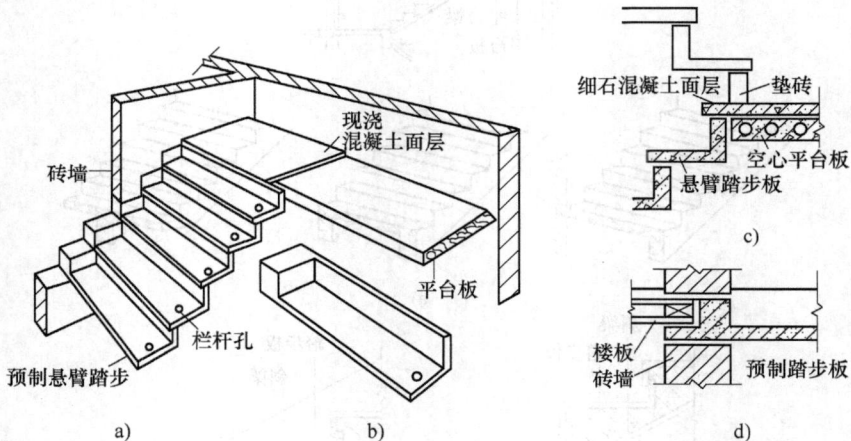

图 2-76　悬臂式楼梯

a）悬臂踏步楼梯示意　b）踏步构件　c）平台转换处剖面　d）预制楼板处构件

3）梁承式楼梯是将踏步板、平台梁、斜梁、平台板先预制好，再通过组装而成，如图 2-77 所示。如图 2-78 所示为预制装配式钢筋混凝土楼梯梁、板的布置示意图。

（2）预制中型装配式楼板，一般是由楼梯梯段和楼梯平台两部分构件装配而成；而预制大型装配式楼梯则一般以整个楼梯间或梯段连平台的形式进行预制加工的，构件质量较大，尺度较大，对运输、吊装均有一定要求，如图 2-79 所示。

图 2-77 梁承式楼梯

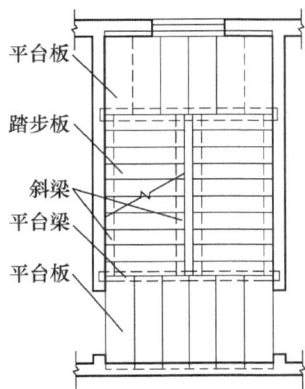

图 2-78 预制装配式钢筋混凝土楼梯梁、板的布置

图 2-79 预制中型装配式楼板

2.4.3 楼梯的细部构造

1. 踏步面层及防滑措施

踏步由踏面和踢面构成。踏步表面要求耐磨、便于清洁，为了适应人在踏步上行走舒

适，踏面可适当放宽 20mm 做成踏口或将踢面做成倾斜。踏步表面考虑上下行走安全，应在踏口处填嵌防滑条或防滑包口材料，如图 2-80 所示。

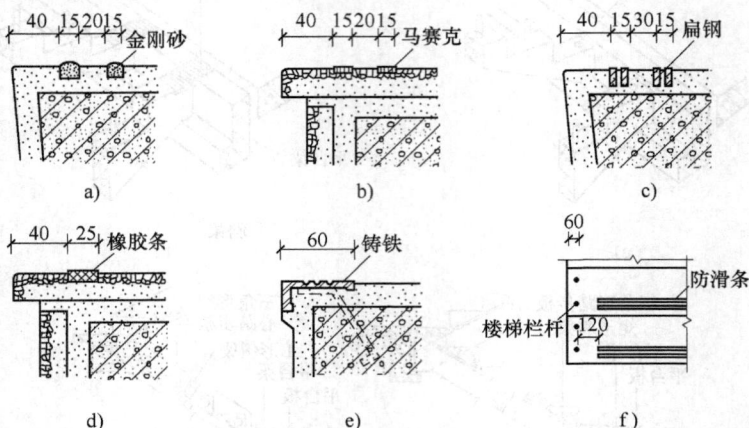

图 2-80　踏步面层及防滑措施

2. 楼梯栏杆、栏板和扶手

楼梯栏杆常用金属、玻璃、有机玻璃、钢筋混凝土、木材等材料制作。目前，常用金属栏杆、钢筋混凝土栏杆和木栏杆。钢筋混凝土栏杆常与楼梯踏步一起现浇连接，而金属栏杆与楼梯常用焊接或螺栓联接。楼梯栏板常用砖砌、钢筋混凝土、玻璃及有机玻璃等材料制作。其中，玻璃及有机玻璃通常设在金属或木栏杆中间。

楼梯的扶手一般用硬木、塑料、圆钢管等材料制作。靠墙需要做扶手时，常通过铁脚使扶手与墙得以相互连接。硬木扶手与金属栏杆的连接一般通过木螺钉拧在栏杆上部的通长扁铁上；塑料扶手通过预留的卡口直接卡在扁铁上；圆钢管扶手则直接焊接在金属栏杆的顶面上，如图 2-81 所示。

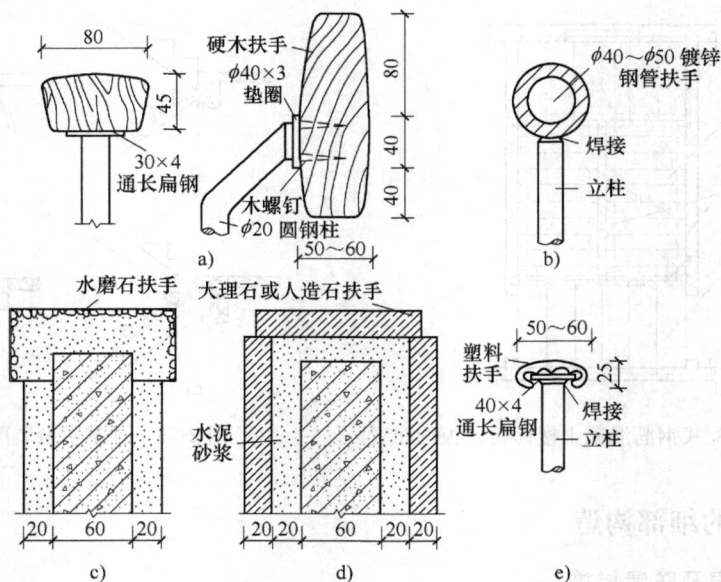

图 2-81　楼梯的扶手

2.4.4 室外台阶与坡道

1. 台阶与坡道的形式

台阶由踏步和平台组成。其形式有单面踏步式、三面踏步式等。台阶坡度较楼梯平缓，每级踏步高为 100～150mm，踏面宽为 300～400mm。当台阶高度超过 0.7m 时，宜有护栏设施。

坡道多为单面坡形式，也有三面坡的。坡道坡度应以有利推车通行为佳，一般为 1：10～1：8。有些大型公共建筑，为考虑汽车能在大门入口处通行，常采用台阶与坡道相结合的形式，如图 2-82 所示。

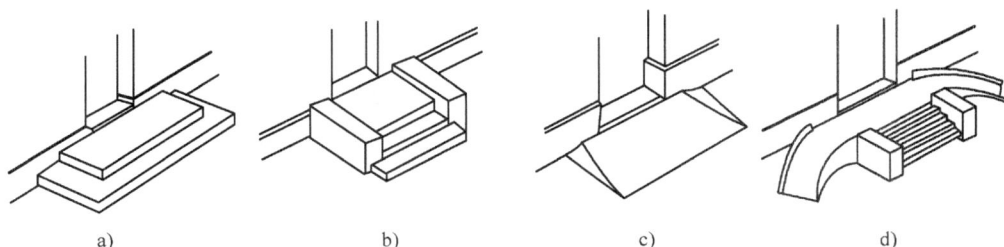

图 2-82 台阶与坡道的形式

a）三面踏步式 b）单面踏步式 c）坡道式 d）踏步坡道结合式

2. 台阶构造

台阶构造与地坪构造相似，台阶由踏步和平台组成，由面层和结构层构成。结构层材料应采用抗冻性和耐水性能好且质地坚实的材料。常见的台阶基础有就地砌造、勒脚挑出和桥式三种。台阶踏步有砖砌踏步、混凝土踏步、钢筋混凝土踏步和石踏步四种，如图 2-83 所示。

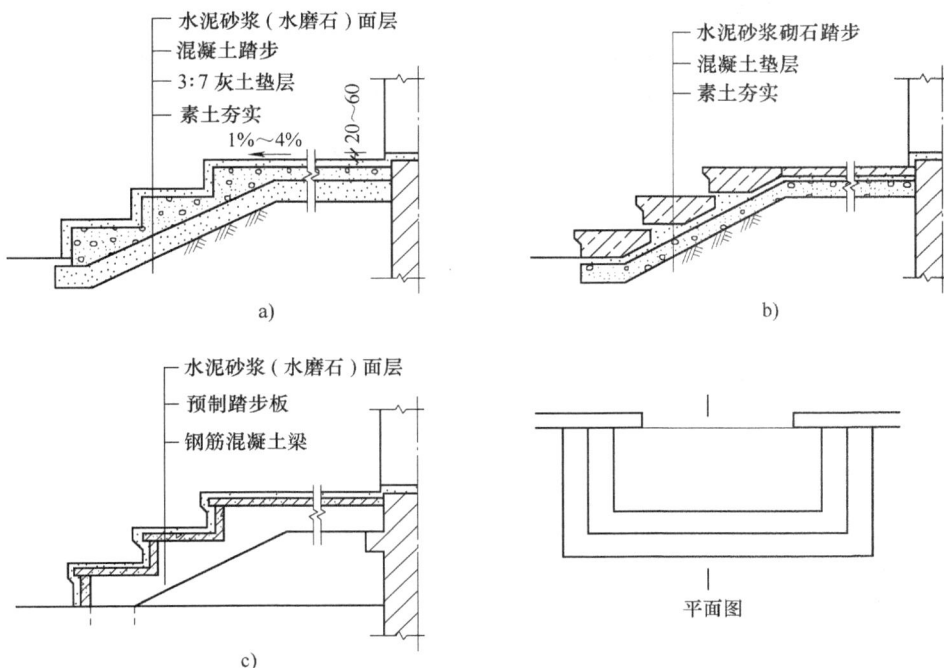

图 2-83 台阶构造

a）混凝土台阶 b）石台阶 c）钢筋混凝土架空台阶

3. 坡道构造

坡道材料常见的有混凝土或石块等，面层亦以水泥砂浆居多，对经常处于潮湿、坡度较陡或采用水磨石做面层的，坡道的表面一般必须做防滑处理，如图 2-84 所示。

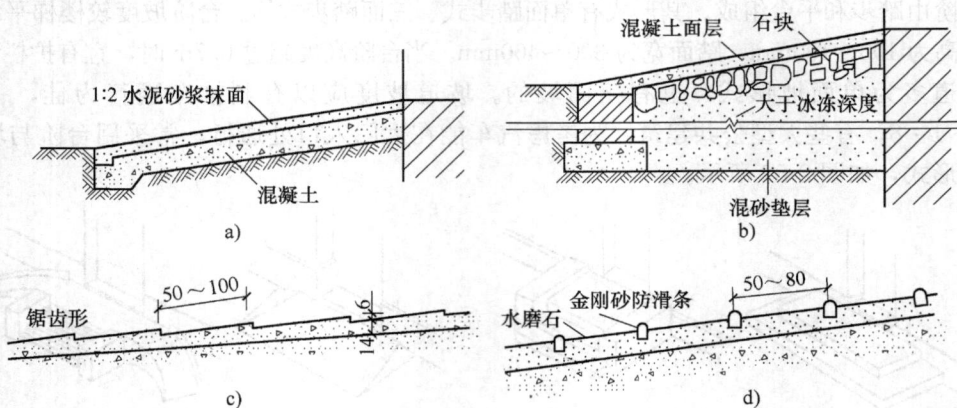

图 2-84　坡道构造

2.4.5　有高差处无障碍设计的构造问题

1. 无障碍坡道

有高差处无障碍设计的服务对象是下肢残疾及视力残障的人员。无障碍设计的主要方式是采用坡道来代替楼梯和台阶及对楼梯采取特殊构造处理。

建筑入口为无障碍入口时，入口室外的地面坡度不应大于 1：50 。供轮椅通行的坡道应设计成直线形、直角形或折返形，不宜设计成弧形。坡道的两侧应设扶手，在扶手栏杆下端设高度不小于 50mm 的坡道安全挡台。不同位置的坡道的坡度及宽度应符合表 2-5 的要求。

表 2-5　不同位置的坡道的坡度及宽度

坡道位置	最大坡度	最小宽度/m
1. 有台阶的建筑入口	1：12	≥1.20
2. 只设坡道的建筑入口	1：20	≥1.50
3. 室内走道	1：12	≥1.00
4. 室外通道	1：20	≥1.50
5. 困难地段	1：10～1：8	≥1.20

（1）坡道的尺度。《城市道路和建筑物无障碍设计规范》（JGJ 50—2001）中主要供残疾人使用的走道与地面应符合下列规定：

1）走道宽度不应小于 1.80m。

2）走道两侧应设扶手。

3）走道两侧墙面应设高度为 0.35m 的护墙板。

4）走道及室内地面应平整，并选用遇水不滑地地面材料。

5）走道转弯处的阳角应为弧墙面或切角墙面等。

坡道的坡面应平整，不应光滑。坡道的起点、终点和休息平台的水平长度不应小于1500mm。人行通路和室内地面应平整、不光滑、不松动、不积水。使用不同材料铺装的地面应相互取平，如有高差时不应大于 15mm，并应以斜面过渡。如图 2-85 所示为坡道的起点、终点和休息平台的水平长度。

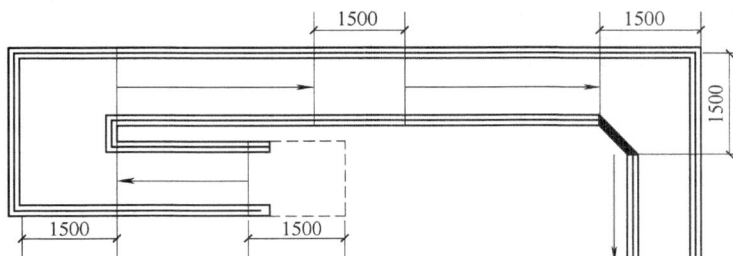

图 2-85　坡道的起点、终点和休息平台的水平长度

（2）残疾人使用的楼梯与台阶的设计要求见表 2-6 和表 2-7。

表 2-6　残疾人使用的楼梯与台阶的设计要求

类　　别	设　计　要　求
楼梯与台阶形式	1. 应采用有休息平台的直线形梯段和台阶 2. 不应采用无休息平台的梯段和弧形楼梯 3. 不应采用无踢面和突缘为直角形的踏步
宽度	1. 公共建筑的梯段宽度不应小于 1.50m 2. 居住建筑的梯段宽度不应小于 1.20m
扶手	1. 楼梯两侧应设扶手 2. 从三级台阶起应设扶手
踏面	1. 应平整而不光滑 2. 明步踏面应设高度不小于 50mm 的安全挡台
盲道	距踏步起点和终点 25～30cm 处应设提示盲道
颜色	踏面与踢面的颜色应有区分和对比

表 2-7　不同坡度的高度和水平长度

坡　　度	1∶20	1∶16	1∶12	1∶10	1∶8
最大高度/m	1.50	1.00	0.75	0.60	0.35
水平长度/m	30.00	16.00	9.00	6.00	2.80

2. 无障碍楼梯形式及扶手栏杆

（1）无障碍楼梯形式及尺度。残疾人使用的楼梯应采用有休息平台的直线形梯段，如图2-86 所示。

（2）踏步细部处理。楼梯、台阶踏步的宽度和高度见表 2-8。梯段凌空一侧翻起不小于50mm；踏步无突缘，如图 2-87 所示。

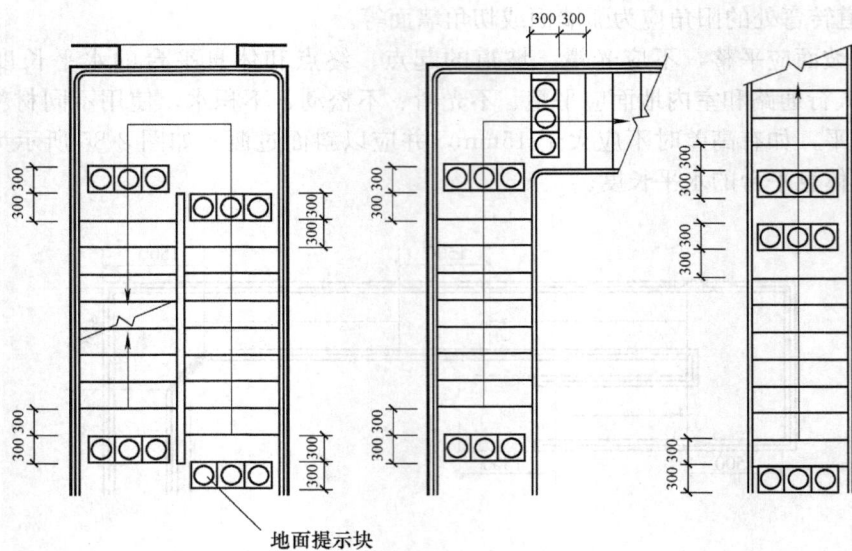

地面提示块

图 2-86　无障碍楼梯形式及尺度

表 2-8　无障碍楼梯、台阶踏步的宽度和高度

建 筑 类 别	最小宽度/m	最大高度/m
公共建筑楼梯	0.28	0.15
住宅、公寓建筑公用楼梯	0.26	0.16
幼儿园、小学楼梯	0.26	0.14
室外台阶	0.30	0.14

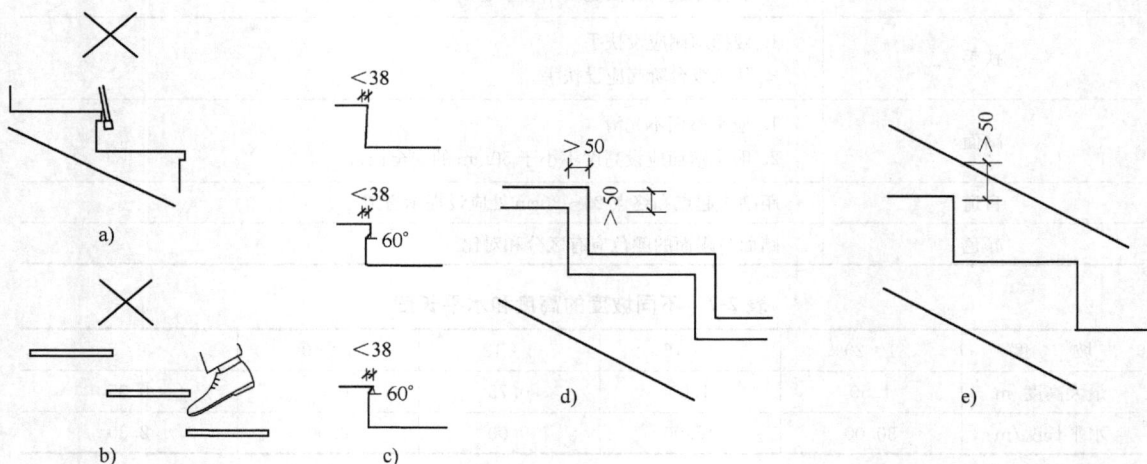

图 2-87　踏步细部处理

a) 有直角突缘不可用　b) 踏步无踢面不可用　c) 踏步线形光滑流畅、可用　d) 立棱　e) 踢脚板

3. 楼梯、坡道的扶手、栏杆

楼梯在两侧均设高度为 850mm 的扶手，设两层扶手时，下层扶手高度应为 650mm；扶

手在梯段起点处及终点处外伸大于或等于 300mm，栏杆式扶手应向下呈弧形或延伸到地面上固定，如图 2-88 所示。

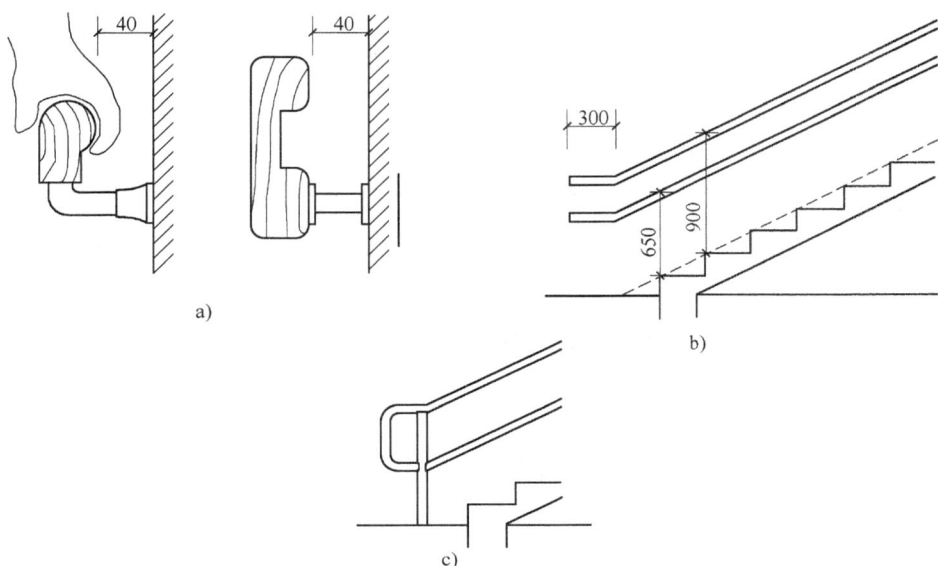

图 2-88　楼梯、坡道的扶手、栏杆
a) 扶手截面应便于抓握　b) 扶手高度及起始、终结步处外伸尺寸　c) 扶手末端向下

2.5　屋顶

学习目标：了解屋顶的作用、形式及设计要求；了解屋顶坡度的影响因素、屋顶的排水方式；掌握坡屋顶的构造组成及防水构造做法；掌握屋顶的保温、隔热和通风要求和做法。

2.5.1　概述

1. 屋顶的作用及设计要求

屋顶是建筑物最上部起覆盖作用的外部围护构件，其主要作用是：

（1）防御自然界的风、霜、雨、雪、太阳辐射、冬季低温和其他外界的不利影响，为室内创造良好的工作和生活条件。

（2）承受作用于屋顶上的风荷载、雪荷载和屋顶自重等，同时还起着对房屋上部的水平支撑作用。

（3）当屋顶做成曲面和线条并加以装饰时，给人以美观享受。

因此，屋顶设计必须满足坚固耐久、防水排水、保温隔热、抵御侵蚀等要求；同时，还应做到自重轻、构造简单、就地取材、施工方便和造价经济等。

2. 屋顶的形式

由于屋面材料和承重结构形式不同，屋顶有多种形式，如图 2-89 所示，但归纳起来只有以下三类：

（1）坡屋顶。坡屋顶是我国的传统屋顶形式。坡度较陡，一般在 10% 以上，结构大多为

单坡顶	硬山两坡顶	悬山两坡顶	四坡顶
卷棚顶	庑殿顶	歇山顶	圆攒尖顶
挑檐平屋顶	女儿墙平屋顶	挑檐女儿墙平屋顶	盝顶平屋顶
双曲拱屋顶	砖石拱屋顶	球形网壳屋顶	V形折板屋顶
筒壳屋顶	扁壳屋顶	车轮形悬索屋顶	鞍形悬索屋顶

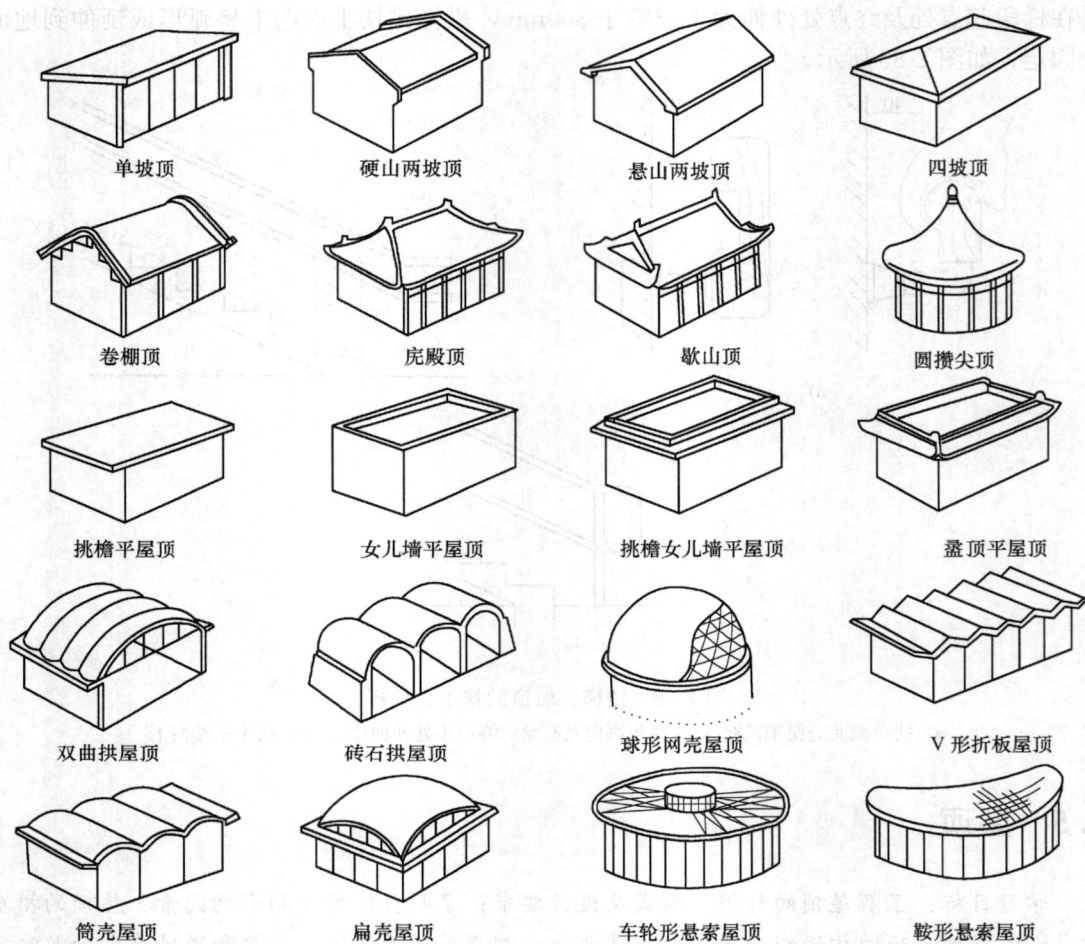

图 2-89　屋顶的形式

屋架支撑的有檩体系。现行中南地区建筑标准设计图集中的坡屋顶屋面结构为现浇钢筋混凝土板，屋面坡度为 30%（1∶3.3）～ 170%（1∶0.59）的坡屋面。

坡屋顶常见形式有：单坡顶、双坡顶、四坡顶、四坡歇山屋顶等，广泛应用于名居等建筑。当建筑宽度不大时，可选用单坡顶；当建筑宽度较大时，宜采用双坡顶、四坡顶或歇山屋顶。双坡屋顶有硬山和悬山之分：硬山是指房屋山墙高出屋面，山墙封住屋面；悬山是指屋顶的屋面两端排出山墙外面。

（2）平屋顶。屋面坡度较平缓，坡度小于 5%，通常称为平屋顶，一般为 2%～3%。承重结构为现浇或预制的钢筋混凝土板，屋面上做防水、保温或隔热等处理。平屋顶的主要优点是节约材料，构造简单，屋顶上面便于利用，可做成露台、屋顶花园、屋顶游泳池、种植屋面等。这类屋顶在民用建筑中的采用较为普遍。

（3）曲面屋顶。曲面屋顶是由各种薄壳结构或悬索结构以及网架结构等作为屋顶的承重结构，如双曲拱屋顶、球形网壳屋顶等。这类屋顶结构受力合理，能充分发挥材料的力学性能，因而能节约材料。但这类屋顶的构造和施工较复杂，造价高，故只用于大跨度的大型公共建筑中。

3. 屋顶的坡度

屋顶的坡度大小是由多方面因素决定的，它与屋面选用的材料、当地降雨量大小、屋顶结构形式、建筑造型要求以及经济条件等有关。屋顶坡度大小应适当：坡度太小易渗漏；坡度太大浪费材料，浪费空间，所以在确定屋顶坡度时，要综合考虑各方面因素。从排水角度考虑，排水坡度越大越好；但从结构上、经济上以及上人活动等的角度考虑，又要求坡度越小越好，如上人屋面一般采用 1%～2% 的坡度。此外，屋面坡度的大小还取决于屋面材料的防水性能。采用防水性能好、单块面积大、接缝少的屋面材料，如油毡、镀锌薄钢板等，屋面坡度可以小一些；采用黏土瓦、小青瓦等单块面积小、接缝多的屋面材料时，坡度就必须大一些。如

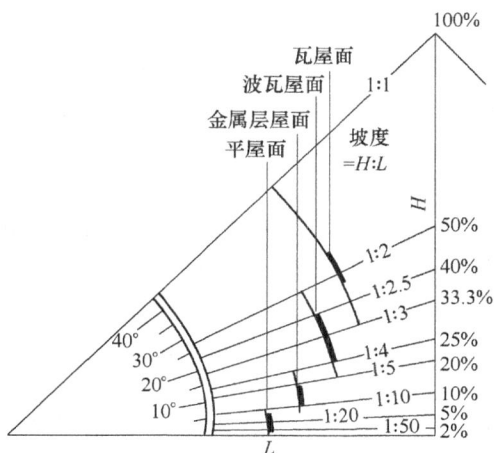

图 2-90　屋面坡度

图 2-90 所示列出了不同屋面材料适宜的坡度范围，粗线部分为常用坡度。

屋面坡度大小的表示方法有斜率法、百分比法和角度法，如图 2-91 所示。斜率法是以屋顶斜面的垂直投影高度与其水平投影长度之比来表示，如 1：2、1：10 等。较大的坡度有时也用角度，即以倾斜屋面与水平面所成的夹角表示，如 30°、60° 等；较小的坡度则常用百分率，即以屋顶倾斜面的垂直投影高度与其水平投影长度的百分比值来表示，如 2%、3% 等。

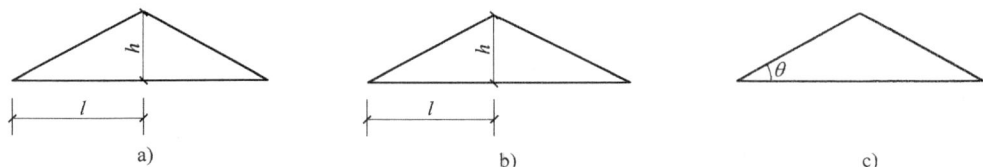

图 2-91　屋面坡度表示方法
a）斜率法　b）百分比法　c）角度法

2.5.2　坡屋顶

坡屋顶坡度较陡，一般在 10% 以上，传统建筑中用屋架或山墙作为承重结构，上放檩条及屋面基层。现行中南地区建筑标准设计图集中的坡屋顶屋面结构为现浇钢筋混凝土板，屋面坡度为 30%（1：3.3）～170%（1：0.59）的坡屋面。

1. 传统建筑中的坡屋顶简介

（1）坡屋顶的组成。坡屋顶通常由下列几部分组成：屋面层、承重层、顶棚，此外还可根据地区和房屋特殊需要增设保温层、隔热层等。

1）屋面层。屋面层是屋顶的最上表面层，它直接承受大自然的侵袭，要求能防水、排水、耐久等。坡屋顶的排水坡度与屋面材料和当地的降雨量等因素有关，一般在 18° 以上。

2）承重层。坡屋顶承重层的结构类型很多，若按材料分类有：木结构、钢筋混凝土结

构、钢结构等。屋顶承重层要求能承受屋面上的全部荷载及自重等，并将荷载传给墙或柱。

3）顶棚。顶棚是最上层房间顶面、屋顶最下层的一种构造设施，设置顶棚可使房屋上部结构平顶平整、美观、清洁。顶棚可吊挂在承重层上，也可搁置在柱、墙上。

4）保温层、隔热层。南方炎热地区可在屋顶的顶棚上设隔热层，北方寒冷地区应设保温材料。

（2）坡屋顶的支撑结构：山墙承重、屋架承重。坡屋顶的承重结构方式有两种，即山墙承重和屋架承重。

1）山墙承重（又称横墙承重）。横墙间距较小且具有分隔和承重功能的房间，可将横墙顶部做成坡形以支承檩条，即为横墙承重坡屋顶。在双坡屋顶中，承重横墙顶部砌成山尖，形成坡度，故俗称山墙。山墙承重，又称硬山，这类结构形式叫做硬山搁檩（即在横墙上搁置檩条，檩条上立椽条，再铺设屋面层，一般开间在4m以内，适用于住宅、宿舍等民用建筑工程）。山墙承重结构方式的优点是构造简单，施工方便，节约木材，是一种经济合理的结构方案，但建筑物的空间受到限制，只适应于小空间的建筑。

2）屋架承重。当房屋的开间比较大时，屋架承重的坡屋面较为常见，如图2-92所示。屋架可根据排水坡度和空间要求，做成三角形、梯形、矩形、多边形屋架，用来支承檩条和屋面上的全部构件。屋架搁置在房屋纵墙或柱上，屋架中各杆件受力较均匀合理，因而杆件截面面积较小，且能获得较大跨度和空间。屋架可用各种材料制成，有木屋架、钢筋混凝土屋架、钢屋架、组合屋架等。木屋架跨度可达18m，但不满足防火要求；18m以上（其跨度递增以6m

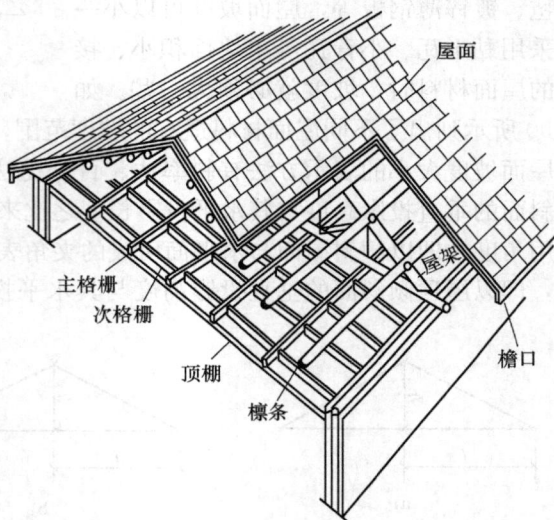

图 2-92　屋架承重的坡屋顶

为倍数，即24m、30m、36m等）可用钢筋混凝土屋架、钢屋架或组合屋架。

2. 坡屋顶的屋面构成和屋面构造

（1）坡屋顶的屋面构造。坡屋顶的屋面构造如图2-93所示。

坡屋顶屋面由屋面支承构件和屋面防水层组成。支承构件是由檩条、椽条、屋面板、挂瓦条等组成。屋面防水层有机制平瓦或小青瓦、水泥瓦、石棉水泥瓦、瓦楞薄钢板、铝合金瓦、玻璃钢波形瓦等，根据建筑要求而选定，如图2-93所示。

（2）坡屋顶的顶棚构造。坡屋顶顶棚又称为平顶或天棚，设在坡屋顶屋架下弦或相应其他位置，主要作用是增加房屋的保温、隔热性能，同时还能使房间顶部平整美观、室内明亮、清洁卫生。公共建筑还将顶棚做成各种装饰和设置各种灯具，达到装饰和丰富室内空间的效果。

顶棚可吊在檩条下（或屋架下弦），称为吊顶；或独立设置（搁置在墙上），称为平顶（天棚）；也可直接把板材钉在檩条或椽条下面做成斜平顶，常用于有阁楼层的平顶。

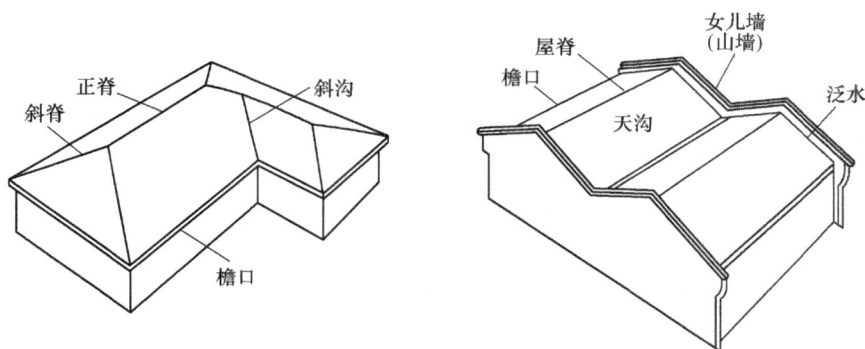

图 2-93　坡屋顶的屋面构造

顶棚由承重层和面层组成，为了保温和隔热需要，可增设填充层。在民用建筑中，最常见的做法有板材吊顶、轻钢龙骨吊顶、铝合金龙骨吊顶、装饰石膏板吊顶、条形塑料板吊顶、金属板吊顶、岩棉吸声吊顶等，其构造可参见中南地区建筑标准设计图集 98ZJ521 等。

（3）坡屋顶的细部构造

1）檐口。建筑物屋顶与墙体顶部的交接处称为檐口，其作用是保护墙身及建筑装饰。檐口分为自由落水和有组织排水两大类：自由落水又分为砖挑檐、椽挑檐、挂瓦板挑檐；有组织排水又分为外挑檐沟、女儿墙内檐沟。

① 砖挑檐。每皮砖只能外挑 60mm，外挑总尺寸不得大于墙体厚度的 1/2，且不大于 240mm，因此只适用于低矮房屋和对美观要求不高的房屋，如图 2-94a 所示。

② 椽挑檐。可使椽头外露，也可在椽的端头装封檐板和吊檐口顶棚，出檐长度一般在 300～500mm 之间，视房屋高度和椽条直径而定，如图 2-94b 所示。

③ 附木挑檐。将屋架支座处的附木延长挑出墙外，并搁置檐头檩条与屋顶檩条共同承担屋面荷载。檐口

图 2-94　檐口构造
a）砖挑檐　b）椽挑檐

端部装封檐板，檐下吊屋檐顶棚。如该房屋或某开间为硬山搁檩而不设屋架时，可在横墙内伸出挑檐木，压入墙内的长度不得小于伸出长度的两倍，以防止倾覆。

④ 外檐沟。结合外墙圈梁挑出外檐沟，然后在檐沟上底面按 0.5‰～1‰ 找纵坡并安装雨水管配件。

⑤ 女儿墙内檐沟。在女儿墙内侧设置预制或现浇檐沟，将雨水管穿过女儿墙至墙外侧，但这种做法的漏雨隐患较大，必须从构造和施工上予以周密安排。

2）山墙

① 硬山。硬山分两种做法：一是平硬山，屋面与山墙顶基本砌平，屋面瓦的端头用一皮单砖或用水泥砂浆抹压瓦线；二是高硬山，将山墙砌出屋面形成女儿墙，顶部外挑砖或做

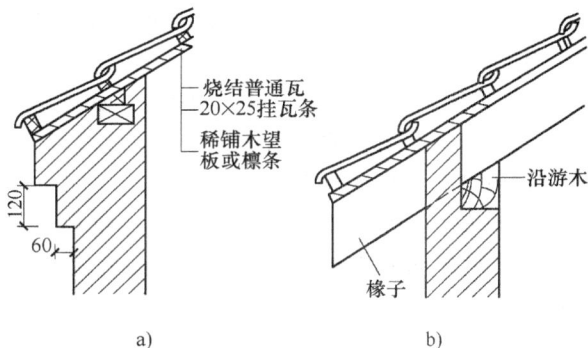

混凝土压顶，抹防水砂浆，用水泥石灰麻刀砂浆或镀锌薄钢板做泛水，如图 2-94b 所示。高硬山的泛水高度应不小于 250mm，但总高度不宜超过 500mm，以利防震。在有特殊要求时，如用做防火墙的高硬山高度超过 500mm 时，应采取加固措施。

② 悬山。将端部开间等屋面构件全部挑出山墙 500～600mm，檩端做板封（博风板），檩下吊顶棚或涂刷油漆，如图 2-94a 所示。

3）斜脊与斜天沟。坡屋顶两斜屋面相交形成的阳角叫斜脊，阴角叫斜天沟。斜脊与斜天沟两侧的平瓦均为不规则形状，需要现场切割。斜脊是分水埂，只需要用灰浆卧砌脊瓦，与脊瓦做法相同，但要将承插口向下。斜天沟则是汇水槽，需要用镀锌薄钢板置于瓦下，每侧不小于 150mm，以防雨水溢出。

（4）坡屋顶的保温、隔热和通风

1）铺设保温或隔热层。坡屋顶的保温、隔热层可设置在屋面层内、檩条之间、吊顶格栅之上和吊顶面等部位。

① 设在屋面层内。传统民居屋顶多在檩条上钉椽条，上铺保温材料。

② 设在檩条之间。在檩条底部钉木板，檩条之间填充保温材料。

③ 设在吊顶龙骨上。在大龙骨上铺设木板，板上铺设保温材料。为防止室内水蒸气渗透入保温层内，可在保温层下铺油纸一层。

④ 吊顶面料本身为保温材料。用岩棉板、刨花板或甘蔗板制成的吊顶板固定在小龙骨上，可起到保温作用。

2）隔热与通风

① 通风屋面。屋面做成双层，由檐口处进风，屋脊处排风，利用空气流动带走热量，以降低瓦层温度。还可以利用檩条的间距通风。

② 吊顶棚隔热通风。吊顶内空间大，如能组织自然通风，隔热效果明显。通风口可设在檐口、屋脊、山墙和坡屋面上。

3. 现行建筑中的坡屋顶（图 2-95）

现行建筑中的坡屋顶屋面结构为现浇钢筋混凝土板（参见中南地区建筑标准设计图集 05ZJ211）。坡屋面的排水坡度应根据屋面形式、材料种类、屋面基层类别、防水方案等因素综合确定，并应符合不同屋面材料种类的最小排水坡度。屋面最小排水坡度见表 2-9。

表 2-9　屋面最小排水坡度

材料种类	平瓦	油毡瓦	金属板材
屋面排水坡度（%）	≥20	≥20	≥10

（1）坡屋面的构造组成及采用材料如图 2-96 所示，为平瓦、水泥彩瓦、西式陶瓦的屋面做法，采用砂浆卧瓦、Ⅱ级防水，有保温层、加卷材或涂膜防水。

1）基层。采用现浇钢筋混凝土板基层，由单项工程结构设计确定。并应注意现浇屋面温度应力对下部结构（特别是砖混结构）的影响，采用相应的构造措施防止裂缝产生。

2）找平层

① 铺设卷材或涂膜防水层的水泥砂浆找平层：在 20mm 厚 1∶3 水泥砂浆找平层中掺入聚丙烯或尼龙 6 纤维 0.75～0.90kg/m³；找平层应设分格缝，缝的纵、横间距不宜大于 6m，分格缝做法如图 2-97 所示。

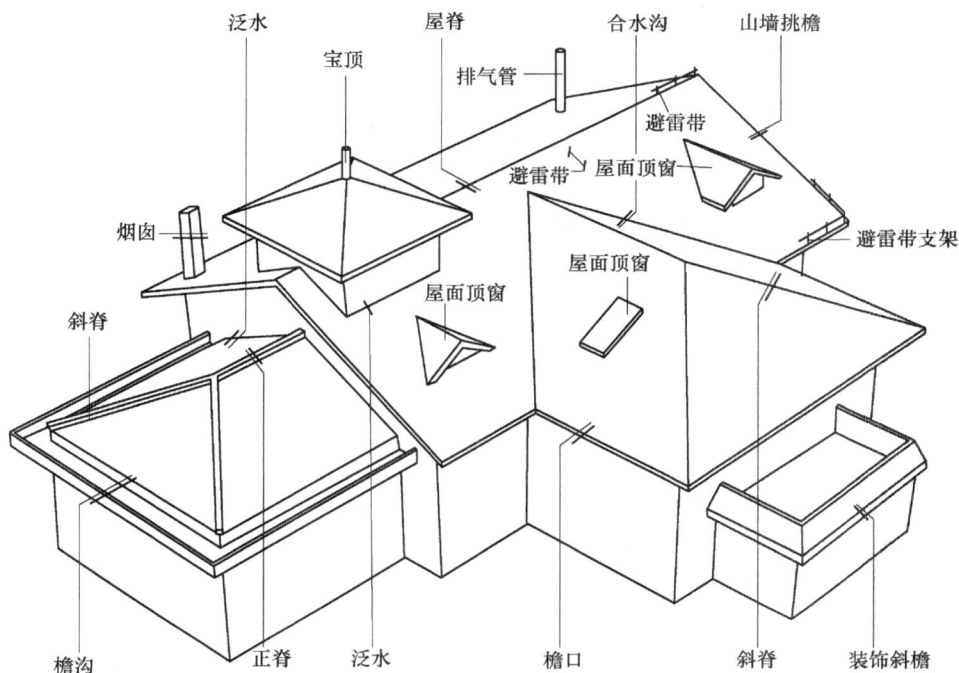

图 2-95　坡屋顶屋面的构成

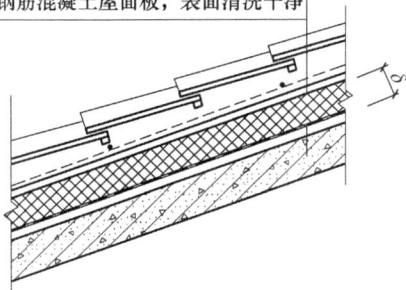

图 2-96　平瓦、水泥彩瓦、西式陶瓦的
　　　　屋面做法（砂浆卧瓦）

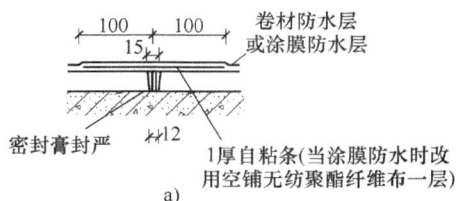

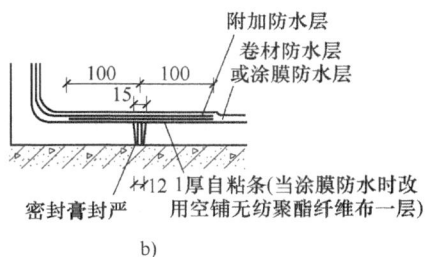

图 2-97　找平层分格缝

② 钉铺块瓦挂瓦条或钉粘油毡瓦的细石混凝土找平层：在 20mm 厚 1∶3 水泥砂浆找平层内敷设的 φ6 钢筋网，应骑跨屋脊并绷直与屋脊和檐口（沟）部位的预埋 φ10 锚筋连接牢固（现浇屋脊除外）；找平层可不设分格缝，但在与屋面突出物相连处应留 30mm 宽缝隙，缝内嵌填密封膏封严。

③ 找平层应充分养护。

3）防水层

① 卷材防水层

a. 合成高分子防水卷材：常用材料有聚氯乙烯防水卷材、氯化聚乙烯防水卷材、氯化聚乙烯-橡胶共混防水卷材、氯磺化聚乙烯防水卷材；材料厚度不应小于 1.2mm。

b. 高聚物改性沥青防水卷材：常用材料有 SBS 改性沥青防水卷材、APP 改性沥青防水卷材、自粘聚酯胎改性沥青防水卷材；材料厚度不应小于 3.0mm（自粘聚酯胎改性沥青防水卷材厚度不小于 2.0mm）。

② 涂膜防水层

a. 合成高分子防水涂料：常用材料有聚氨酯防水涂料（非焦油类）、丙烯酸酯类防水涂料、硅橡胶防水涂料、聚合物水泥防水涂料；材料厚度不应小于 1.5mm。

b. 高聚物改性沥青防水涂料：常用材料有氯丁橡胶沥青防水涂料、SBS 改性沥青防水涂料、再生橡胶改性沥青防水涂料；材料厚度不应小于 3.0mm。

c. 用做涂膜防水层附加层的胎体增强材料，采用无纺聚酯纤维布。

d. 密封膏：可选用聚氨酯密封膏、丙烯酸酯密封膏、聚氯乙烯（非焦油类）密封膏。

4）保温隔热层

① 可采用板(块)状材料保温隔热层和整体现浇保温隔热层。其材料有挤塑聚苯乙烯泡沫塑料板、苯乙烯泡沫塑料板、硬质聚氨酯泡沫塑料板、发泡聚氨酯、胶粉聚苯颗粒浆料、岩棉（毡）或玻璃棉板（毡）。其中，岩棉（毡）或玻璃棉板（毡）只做块瓦形钢板彩瓦的保温隔热材料。

② 保温隔热层的选用应根据建筑热工分区、建筑物类型及有关规范的规定，主要应满足屋顶的保温隔热层及节能设计的要求。

③ 保温隔热层宜选用热导率和干密度小的保温隔热材料，以减轻屋面的自重。

④ 铝箔是由高分子材料和金属层复合加工而成的产品，其具备高反射率、高强度、阻燃等特点，主要用于木挂瓦条钉挂型坡屋面，主要适用夏热冬暖地区和夏热冬冷地区。夏热冬暖地区可单独采用；夏热冬冷地区使用时，需要与其他保温材料组合使用，组合使用时，可减薄保温材料层的厚度。

5）隔气层

① 设柔性防水层的屋面，柔性防水层兼做隔气层。

② 在寒冷地区的潮湿房间，设泡沫塑料类保温层且按最小传热阻要求确定保温层厚度的屋面，应通过计算确定是否需设隔气层，并根据计算隔气层所需的蒸汽渗透阻确定隔气层的材料及厚度。

6）瓦材和铺设

① 块瓦

a. 块瓦包括筒板瓦（琉璃瓦、青瓦）、平瓦、水泥瓦及西式陶瓦（S 瓦，J 瓦）等。

b. 块瓦铺设方式有砂浆卧瓦 1∶3 水泥砂浆卧瓦层最薄处 20mm 厚（配φ6@500mm×500mm 钢筋网）、木挂瓦条挂瓦及钢挂瓦条挂瓦。

c. 挂瓦条固定在顺水条上，顺水条钉在细石混凝土找平层上；不设顺水条，将挂瓦条和支承垫块直接钉在细石混凝土找平层上；以上做法和要求可参见标准图集。

d. 瓦的搭接长度必须满足所采用瓦材的要求，由此确定挂瓦条或绑瓦钢筋的间距。

e. 块瓦与屋面基层加强固定的要求和措施：地震地区、大风地区（包括地势较高周围无遮挡或地处风口上，或高层建筑等）及屋面坡度大于 50%（1：2）时，全部瓦材均采取固定加强措施；非地震地区、非大风地区及屋面坡度在 30%（1：3.3）～50%（1：2）时，檐口（沟）处的两排瓦和屋脊两侧的一排瓦应采取固定措施。根据单项工程设计的实际情况，依照以上要求可采取以下加强措施：水泥砂浆卧瓦，用双股 18 号铜丝将瓦与 ϕ6 钢筋绑牢；钢挂瓦条挂瓦，用双股 18 号铜丝将瓦与钢挂瓦条绑牢；木挂瓦条挂瓦，用圆钉（或双股 18 号铜丝）将瓦与木挂瓦条钉（绑）牢。

② 油毡瓦

a. 油毡瓦是以玻纤毡为胎基的彩色块瓦状屋面防水片材。

b. 铺瓦方式：油毡瓦的基层应牢固平整。油毡瓦应采用专用水泥钢钉与冷沥青玛琋脂粘接固定在混凝土基层上。瓦的排列、搭接、固定方法等要求，应按所采用瓦材的产品和施工说明进行施工。

c. 屋面坡度大于 150%（1：0.67）或大风作用的屋面，施工时应酌情增加粘接面及固定瓦材用钉的数量。

（2）坡屋面的细部构造。坡屋面的细部构造有屋脊（正脊、斜脊）、合水沟、檐口、檐沟、山墙挑檐、泛水等。屋面及其细部构造泛水、檐沟、合水沟等的卷材防水层均满粘；在铺设防水卷材或防水涂膜之前，水泥砂浆找平层表面应刷基层处理剂；所有卷材收口部位均用密封膏嵌封严实；屋面板内预埋锚筋穿破卷材防水层的破口处应满粘 2mm 厚卷材 100mm×100mm，并用密封膏封严（涂膜防水层仅用密封膏封严）；保温隔热材料可视材质、屋面坡度等情况，采用条粘或点粘法与基层固定；角钢挂瓦条、顺水条和其他外露钢件表面涂刷防锈漆打底，面漆两道；木挂瓦条、顺水条等木材表面均涂刷防腐漆。

1）屋脊（正脊、斜脊）。坡屋顶两斜屋面相交形成的阳角叫正脊或斜脊。正脊或斜脊是分水埂，需要用灰浆卧砌脊瓦，如图 2-98 所示为屋脊构造图，在屋脊顶处应采用圆脊盖瓦并在屋面板内预埋 ϕ10 锚筋@1500mm 与钢筋网绑牢，斜脊脊瓦搭接处钻孔用双股 18 号铜丝与钢筋网绑牢。

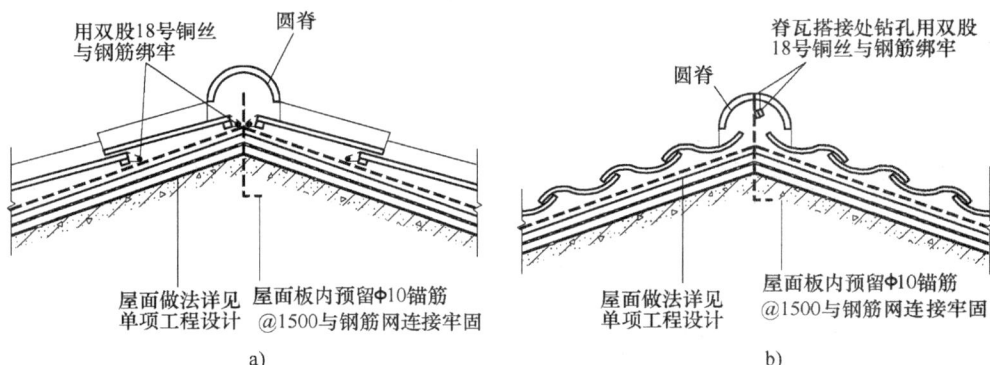

图 2-98 坡屋顶屋脊构造

a）正脊 b）斜脊

2）合水沟。坡屋顶两斜屋面相交形成的阴角叫合水沟。如图 2-99 所示，为坡屋顶合水沟构造图，合水沟宽 150mm，在沟底按 300mm（图 2-72a 中 1 厚铝板或彩钢板）或沟瓦规格（图 2-72b 中合水沟瓦）宽度范围内每边固定 30mm×30mm 通长木条；沟底两侧通长φ6 钢筋顺沟设置在屋脊梁和檐口处与φ10 锚筋绑牢，合水沟两侧的瓦均为不规则形状，需要在现场切割成与排水沟相同的角度，沟内附加防水卷材每边宽 450mm。合水沟瓦用卧瓦砂浆卧牢；1 厚铝板或彩钢板置于瓦下，每侧超出木压条 50mm，做成凹凸形用通长木条固定，以防雨水溢出。

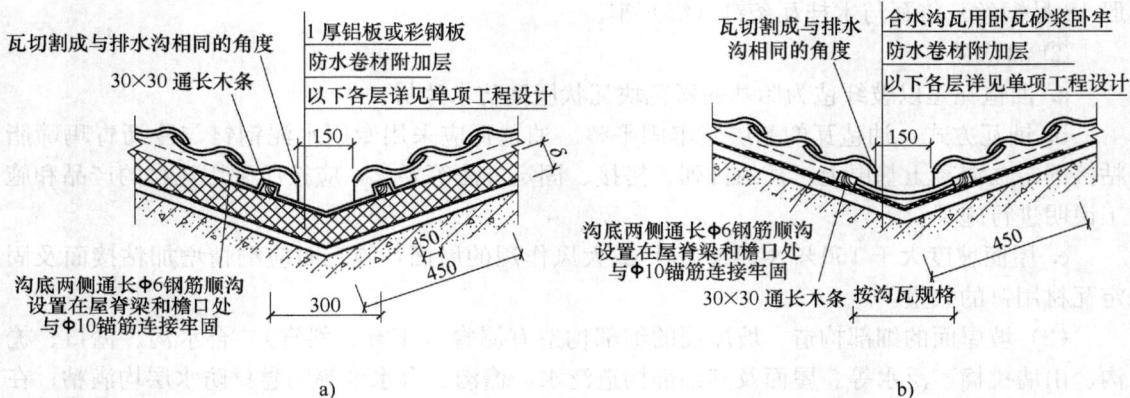

图 2-99　坡屋顶合水沟构造
a）有保温层　b）无保温层

3）檐口构造（有保温层）。建筑物屋顶与墙体顶部交接处称为檐口，如图 2-100 所示为坡屋顶檐口构造图，图 2-100a 为无组织落水，图 2-100b 为有组织排水设 PVC-U 雨水管，均为钢筋混凝土板挑檐，外保温层的坡屋面。采用外保温层的坡屋面，其钢筋混凝土屋面檐口应向上翻起，高出保温层上表面 20mm，以防保温层下坠。钢筋混凝土屋面板内预埋φ10锚筋一排与钢筋网连接牢固，设 $D20mm$PVC-U 雨水管，中距 3000mm，上端管口周围缝隙用密封膏封严。卷材收口处用水泥钉或射钉，钉距为 500mm，镀锌垫片 20mm×20mm×0.7mm 固定。檐口外侧涂刷详单项设计，下面做滴水线，瓦材超出立边 50 mm。

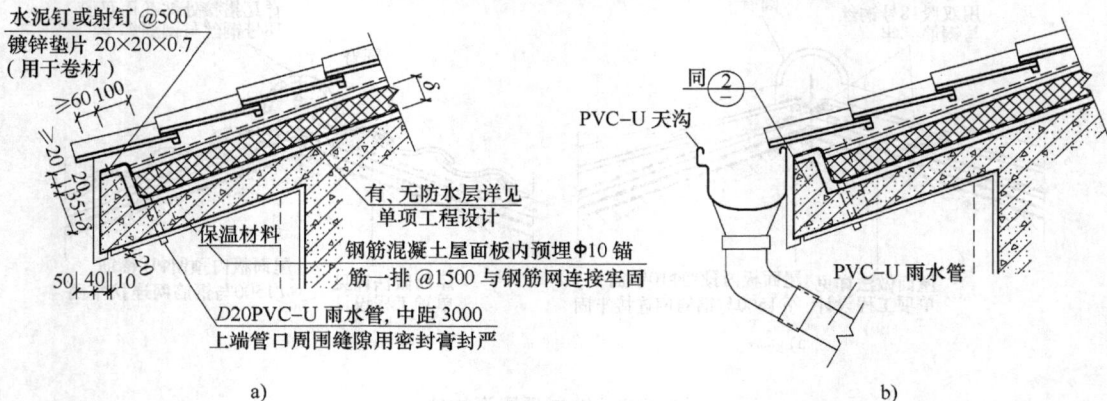

图 2-100　坡屋顶檐口构造（有保温层）
a）无组织排水　b）有组织排水

　　4）檐沟构造。如图 2-101 所示为坡屋顶檐沟构造图，檐沟板做成槽形，与圈梁连接成整体。沟内用轻骨料混凝土找坡（最薄处 20mm 厚），用 20mm 厚 1∶3 水泥砂浆找平，然后做附加防水层及防水层（如卷材、涂膜防水），再涂刷成浅色。在图 2-101 所示现浇外天沟构造图中，钢筋混凝土屋面板内预埋 φ10 锚筋一排与钢筋网连牢，附加防水层翻起部位空铺 200mm 宽，天沟内满铺防水材料，卷材收口处用水泥钉或射钉，钉距为 500mm，镀锌垫片 20mm×20mm×0.7mm 固定，密封膏封严。檐口外侧粉刷详单项设计，下设滴水线。

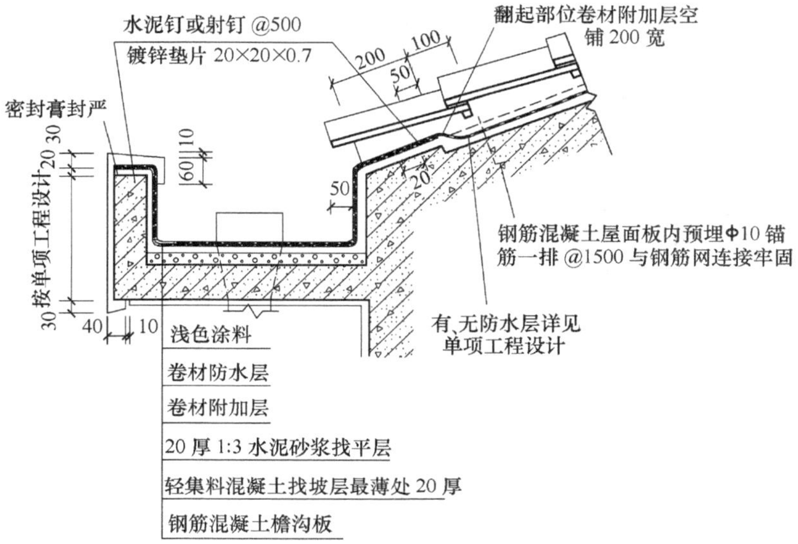

图 2-101　坡屋顶檐沟构造

　　5）泛水构造。屋面泛水是指屋面与突出屋面的构件（如女儿墙、山墙、纵墙、楼梯间、烟囱、天窗等）交接处的防水构造处理。如图 2-102 所示，坡屋顶泛水为聚合物水泥砂浆或成品自粘性柔性泛水，图中通长附加防水层下宽 200mm，上翻起部位超出保温层 150mm，

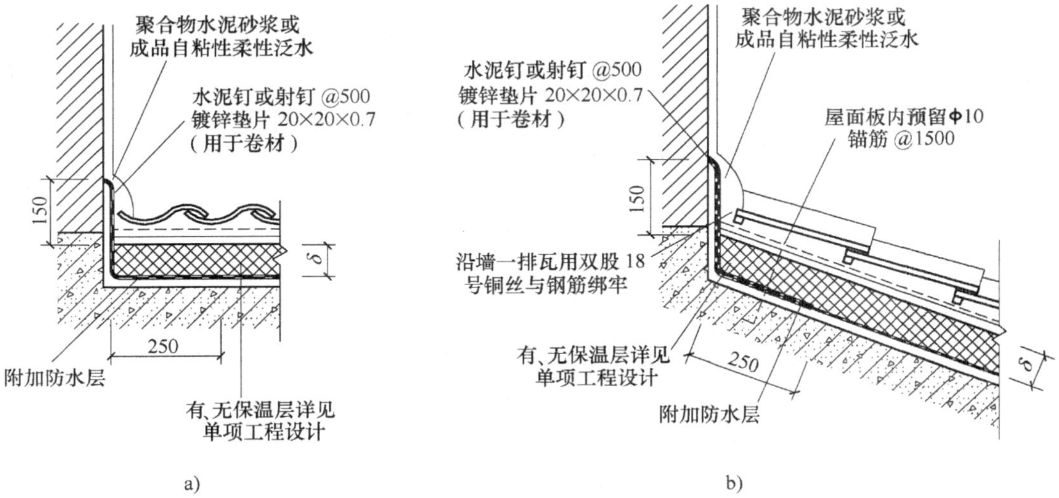

图 2-102　坡屋顶泛水构造

a）高低跨山墙处泛水　b）高低跨纵墙处泛水

95

卷材收口处用水泥钉或射钉，钉距为 500mm，镀锌垫片 20mm×20mm×0.7mm 固定。图 2-102b 中钢筋混凝土屋面板内预埋φ10 锚筋@1500mm，沿墙一排瓦用双股 18 号铜丝与钢筋绑牢。

6）山墙挑檐构造。建筑物屋顶挑出山墙顶部的檐口称为山墙挑檐，如图 2-103 所示。山墙挑檐构造，用于卷材时，卷材收口处用水泥钉或射钉，钉距为 500mm，镀锌垫片 20mm×20mm×0.7mm 固定；用于瓦材时，用固定在角钢上的通长木条 30mm×60mm（h）、圆钉固定瓦材，角钢（∟50×4、长 50mm，间距 1000mm）用水泥钉或射钉固定在挑檐板上。

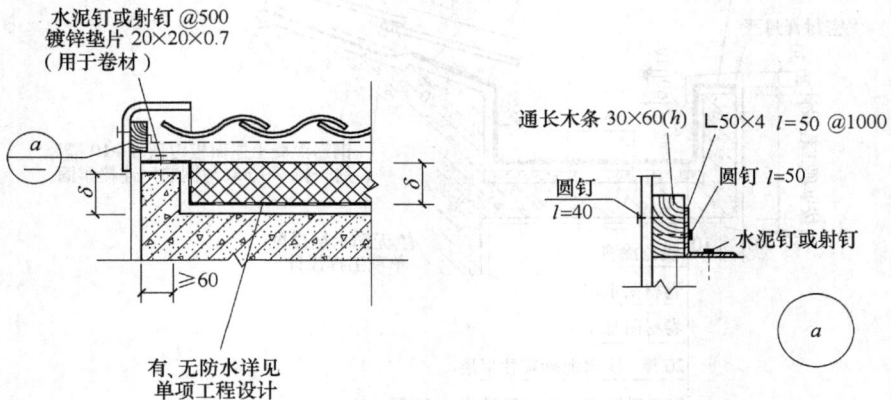

图 2-103　顶山墙挑檐构造

2.5.3　平屋顶

1. 平屋顶的组成

平屋顶一般由面层、承重结构层、保温隔热层、顶棚层等部分组成。

（1）面层：指屋顶的面层。屋顶通过面层材料的防水性能达到防水的目的，由于它暴露在大气中，受自然界各种因素的影响，故要求其有较好的防水性能和耐大气侵蚀的能力。为排除屋面雨水，屋面应有一定的坡度，由于平屋顶的坡度小，排水缓慢，因而要加强屋面的防水构造处理。一般选用防水性能好和面积较大的屋面材料做防水层，并采取可靠的缝隙处理措施来提高屋面的抗渗能力。目前，在南方地区常采用水泥砂浆或配筋细石混凝土浇筑的整体面层，称刚性防水屋面；在北方地区则采用柔性卷材的屋面防水层，称柔性防水屋面。

（2）承重结构层：指屋面下的承重构件，一般采用钢筋混凝土梁板。它承受屋面上所有的荷载及其自重，并传给墙和柱。

（3）保温层或隔热层：保温层是严寒和寒冷地区为了防止冬季室内热量透过屋顶散失而设置的构造层。隔热层是炎热地区为了防止夏季太阳辐射热进入室内而设置的构造层。一般常将保温层和隔热层设在承重结构层与防水层之间。常采用的保温材料有无机粒状材料和块状制品，如膨胀珍珠岩、水泥蛭石、加气混凝土块、聚苯乙烯泡沫塑料等。

（4）顶棚层：顶棚是屋顶的底面，其作用是使建筑物顶层房间的顶面平整美观，一般有板底抹灰和吊顶棚做法两大类。

【特别提示】在选取平屋顶构造层次和常用材料时，应先针对以下几个方面进行选择：

1）屋顶为上人还是非上人屋顶。

2）屋顶的找坡方式是材料找坡还是结构找坡。

3）屋顶所处位置是否为湿度较大的房间，考虑是否加设隔气层。

4）屋顶所处地区为北方还是南方。

2. 平屋顶的排水

为了迅速排除屋面雨水，保证水流畅通，需要进行周密的排水设计，首先应选择适宜的排水坡度，确定排水方式，做好屋顶排水组织设计。

（1）屋顶坡度的形成：坡度的形成一般通过两种方法来实现，即材料找坡和结构找坡。

1）材料找坡。材料找坡也称垫置坡度。材料找坡时，屋面板沿水平设置，然后用炉渣混凝土等轻质材料在屋面板上铺垫出所需要的坡度，这样可使室内获得水平的顶棚层。但形成的坡度不宜过大，否则找坡层的平均厚度增加，使屋面荷载过大，从而导致屋顶造价增加。

2）结构找坡。结构找坡也称搁置坡度。结构找坡时，屋面板按所需要的坡度倾斜布置，屋面板以上各构造层厚度不发生变化，减少了屋顶荷载，施工简单，造价低。但顶棚是倾斜的，使用上不习惯，往往需要加设吊顶。

【特别提示】《屋面工程技术规范》（GB 50345—2004）中，针对不同防水材料提出了应取的相应坡度。

（2）屋面排水方式：平屋顶屋面排水方式分为无组织排水和有组织排水。

1）无组织排水。无组织排水是指屋面的雨水由檐口自由滴落到室外地面，又称自然落水。这种排水方式不需要设置天沟和雨水管进行导流，而要求屋檐必须挑出外墙面，以防屋面雨水顺外墙面漫流而浇湿和污染墙体。这种做法构造简单，造价低，不易漏雨和堵塞，适用于年降水量较小、房屋较矮和次要的建筑中。

2）有组织排水。当建筑物较高、年降水量较大或较为重要的建筑，应采用有组织排水，见表 2-10。

表 2-10　采用有组织排水的依据

年降雨量/mm	≤900	>900
屋面至地面 H/m	>10	>8
屋面至屋面 H_1/m	>4	>3

有组织排水是将屋面划分成若干个排水区，在檐口处设天沟，天沟上设雨水口，外墙面上（外排水）或室内适当部位（内排水）设雨水管。如图 2-104 所示为有组织排水，屋面雨水从屋面排至檐沟，沟内垫出 0.5%～1% 的纵向坡度，把雨水引向雨水口，再经雨水管排泄到地面的明沟和散水或地沟等。这种做法可弥补自然落水的不足，但雨水管处理不当易出现堵塞和漏雨，因此这种方式构造复杂，造价较高。

在内、外排水两种方式中，一般采用外排水较好，但有些建筑不宜在外墙设雨水管，如多跨房屋的中间跨、高层建筑及严寒地区（为防止室外雨水管冻结堵塞）；另外，雨水管也

影响建筑立面的效果。

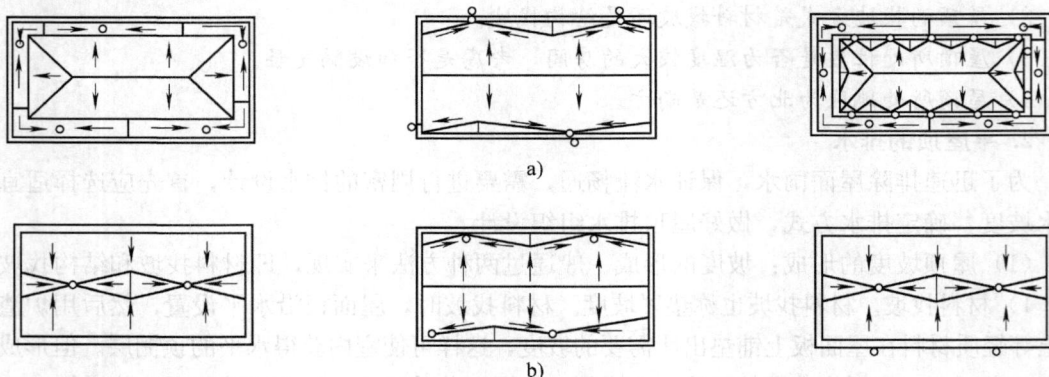

图 2-104 有组织排水

a) 外排水 b) 内排水

雨水口的位置和间距要尽量使其排水负荷均匀,有利雨水管的安装和不影响建筑美观。雨水口的数量主要应根据屋面集水面积、不同直径雨水管的排水能力经计算确定。在工程实践中,一般在年降水量大于 900mm 的地区,每一直径为 100mm 的雨水管,可排集水面积 150m² 的雨水;年降雨量小于 900mm 的地区,每一直径为 100mm 的雨水管,可排集水面积 200m² 的雨水。雨水口的间距不宜超过 18m,以防垫置纵坡过厚而增加屋顶或天沟的荷载,如图 2-105 所示为排水口布置。

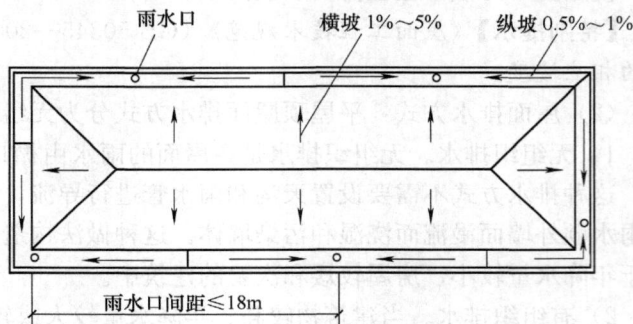

图 2-105 排水口布置

【特别提示】合理的排水形式是排水设计的关键,上述数值都为基本经验数据,也可以通过查阅当地气象资料得到更为准确的排水设计。

3. 平屋面防水

常见的防水屋面有卷材防水、涂膜防水和细石防水混凝土屋面等。屋面防水等级的划分及相应等级防水的设防构造和防水材料的选用,按《屋面工程技术规范》(GB 50345—2004)的规定,详见表 2-11。平屋顶屋面的构成如图 2-106 所示。

表 2-11 屋面防水等级和设防要求

项　　目	屋 面 防 水 等 级			
	Ⅰ级	Ⅱ级	Ⅲ级	Ⅳ级
建筑物类别	特别重要或对防水有特殊要求的建筑	重要的建筑和高层建筑	一般的建筑	非永久性的建筑
防水层合理使用年限	25 年	15 年	10 年	5 年

（续）

项　　目	屋　面　防　水　等　级			
	Ⅰ级	Ⅱ级	Ⅲ级	Ⅳ级
防水层选用材料	宜选用合成高分子防水卷材、高聚物改性沥青防水卷材、金属板材、合成高分子防水涂料、细石防水混凝土等材料	宜选用高聚物改性沥青防水卷材、合成高分子防水卷材、金属板材、合成高分子防水涂料、高聚物改性沥青防水涂料、细石防水混凝土、平瓦、油毡等材料	宜选用高聚物改性沥青防水卷材、合成高分子防水卷材、三毡四油沥青防水卷材、金属板材、高聚物改性沥青防水涂料、合成高分子防水涂料、细石防水混凝土、平瓦、油毡瓦等材料	可选用二毡三油沥青防水卷材、高聚物改性沥青防水涂料等材料
设防要求	三道或三道以上防水设防	二道防水设防	一道防水设防	一道防水设防

注：1. 本规范中采用的沥青均指石油沥青，不包括煤沥青和煤焦油等材料。

2. 石油沥青纸胎油毡和沥青复合胎柔性防水卷材，系限制使用材料。

3. 在Ⅰ、Ⅱ级屋面防水设防中，如仅做一道金属板材时，应符合有关技术规定。

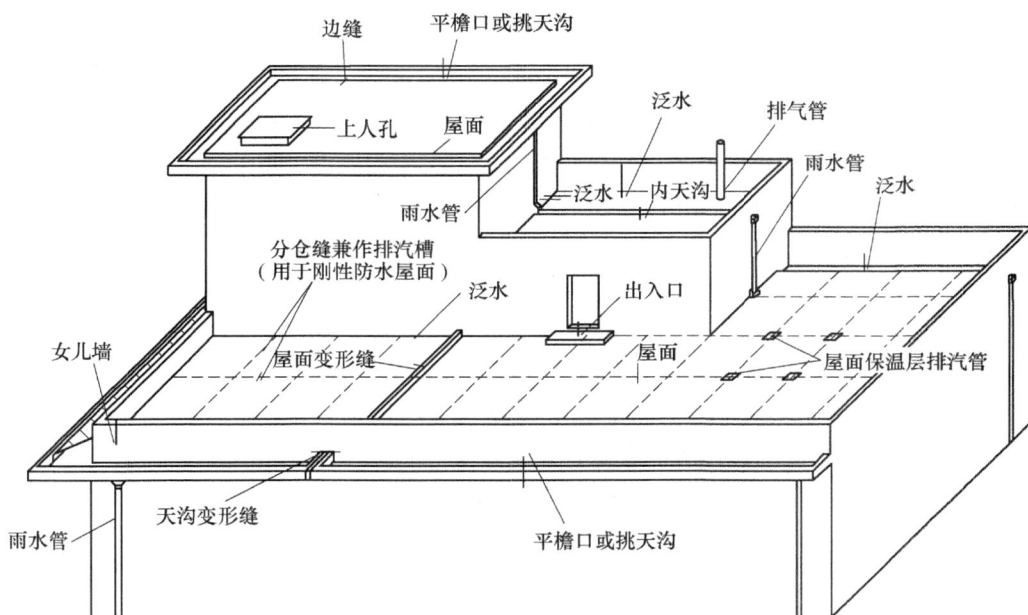

图 2-106　平屋顶屋面的构成

屋面构造主要包括保护层、防水层、找平层、保温隔热层、隔气层和找坡层等构造层。单项工程设计中，应根据工程特点，地区自然条件和屋面防水等级要求选用防水层材料及构造做法；按最上一层防水层的材料选定各部位所适应的节点，并确定保护层、防水层、附加防水层、保温层、隔离层和找平层等的材料。

（1）柔性防水屋面构造。柔性防水屋面是指将柔性的防水卷材或片材用胶结材料粘贴在屋面上的防水层，具有一定的柔韧度，故称为柔性防水屋面。柔性防水屋面所使用的防水层材料有：合成高分子卷材、高聚物改性沥青卷材、石油沥青卷材、合成高分子涂料等。这种

屋面适用于北方地区。

1) 柔性防水屋面的构造组成。见表 2-12 为涂膜防水平屋面的构造做法，由表中可知其主要组成部分为：

表 2-12　涂膜防水平屋面的构造做法

名　　称	构　　造　　做　　法
高聚物改性沥青卷材和涂膜防水屋面（不上人·有隔热层·保温层·隔气层，Ⅱ级防水，水泥珍珠岩板保温）	35mm 厚 490mm×490mm，C20 预制钢筋混凝土板（φ4 钢筋双向中距 150mm），1∶2 水泥砂浆填缝 M5 砂浆砌 120mm×120mm 砖三皮，双向中距 500mm 或顺排水方向砌一侧一平砖带，高 180mm 中距 500mm，砖带端部砌 240mm×120mm 砖三皮 3mm 厚 SBS 改性沥青防水卷材或 APP 改性沥青防水卷材 3mm 厚（二布八涂）氯丁橡胶沥青防水涂料 涂刷基层处理剂一遍 20mm 厚 1∶2.5 水泥砂浆找平层 20mm 厚（最薄处）1∶8 水泥珍珠岩找 2% 坡 干铺 120mm 厚水泥聚苯板或 150mm 厚水泥珍珠岩板 1.5mm 厚三涂氯丁沥青防水涂料隔气层，沿墙高出保温层上表面 150mm 20mm 厚 1∶2.5 水泥砂浆找平 钢筋混凝土屋面板，表面清扫干净

① 结构层。一般为现浇或预制的钢筋混凝土屋面板，由结构设计决定。结构层板缝中浇灌的细石混凝土上应填放背衬材料（聚乙烯泡沫塑料棒），上部嵌填密封材料。

② 找平层。为使基层表面平整，以利干铺防水层或隔气层，常采用 20mm 厚 1∶2.5 水泥砂浆找平层。防水层下的找平层应留分格缝，缝宽为 5~20mm，并嵌填密封材料。分格缝应留设在板端缝处；当找平层采用水泥砂浆或细石混凝土时，其纵、横缝的最大间距不宜大于 6m。

③ 隔气层。在纬度 40° 以北的地区，且室内空气湿度大于 75%，或其他地区室内空气湿度常年大于 80% 时，若采用吸湿性保温材料做保温层，应选用气密性、水密性好的防水卷材或防水涂料做隔气层。为防止蒸汽渗透至保温层或隔热层内而影响保温、隔热效果，避免防水层鼓泡、破裂，可在找平层上保温层下做隔气层，其做法有：1.5mm 厚氯化聚乙烯防水卷材；4mm 厚 SBS 改性沥青防水卷材；1.5mm 厚聚氨酯防水涂料。

隔气层应沿墙面向上铺设，高出保温层上表面不得小于 150mm；如隔气层上表面不能与屋面的防水层相连接时，应继续沿墙向上连续铺设，并与屋面的防水层相连接，形成全封闭的整体。

④ 保温隔热层。保温隔热层的选用，应根据建筑热工分区、建筑物类型及相关规范，经计算确定。对于防水等级为Ⅰ、Ⅱ级的建筑屋面，要求传热系数较小的屋面和建筑标准较高的屋面，宜选用热导率和干密度小的保温材料，以减轻屋顶自重。保温隔热层常设在屋顶的承重结构层与防水层之间，常用的材料有：水泥珍珠岩板和加气混凝土块等。

⑤ 找坡层。当屋面坡度大于 3% 时，宜采用结构层起坡；当屋面坡度为 2% 时，可采用现浇 1∶8 水泥珍珠岩、1∶8 水泥陶粒或水泥加气混凝土碎渣找坡。

⑥ 结合层。为保证找平层与防水卷材或防水涂料能很好地结合起来，常采用涂刷基层处理剂一遍或冷底子油一道。

⑦ 防水层。按屋面防水等级的划分，防水层材料的选用可参见表 2-11。表 2-11 中的屋面防水采用 3mm 厚 SBS 改性沥青防水卷材或 APP 改性沥青防水卷材和 3mm 厚（二布八

涂）氯丁橡胶沥青防水涂料。当用于山墙、女儿墙、烟囱、檐沟等卷材转折处应附加防水层，并在卷材收头处加以压牢。

⑧ 保护层。柔性防水层上应设保护层，防止卷材流淌和老化。

a. 上人屋面保护层可选用：8～10mm 厚地砖块材、预制混凝土板（30mm×250mm×250mm 或 40mm×370mm×370mm）或架空钢筋混凝土板（40mm×490mm×490mm、混凝 C20 配筋双向φ4@50mm），板缝 1：2 水泥砂浆填实或采用 40mm 厚细石混凝土（表面分格缝间距＜2m）。

b. 不上人屋面保护层可选用：架空钢筋混凝土板或粒径 3～5mm 的绿豆砂或中砂卵石（粒径 10～30mm，厚度为 50mm）或浅色反光涂料层两道或水泥砂浆面层（20mm 厚，分格缝间距 1m）。

⑨ 架空隔热层。屋面架空隔热层可采用 M5 砂浆砌 120mm×120mm 砖三皮，双向中距 500mm 或顺排水方向砌一侧一平砖带，高 180mm 中距 500mm；砖带端部砌 240mm×120mm 砖三皮，上铺 35mm 厚 490mm×490mm 的 C20 预制钢筋混凝土盖板（φ4 钢筋双向中距 150mm），1：2 水泥砂浆填缝；隔热板距山墙或女儿墙距离不得小于 250mm。当屋面宽度大于 10m 时，应设通风屋脊（无隔热板覆盖的外露防水处，应加设涂料或绿豆砂保护层）。

【特别提示】柔性防水屋面适用于防水等级Ⅰ～Ⅳ级的屋面防水。上人屋面保护层选用块材混凝土面层时，与防水层之间应做隔离层。

2）柔性防水屋面的细部构造（如图 2-107 所示）

① 泛水。屋面泛水是指屋面与突出屋面的构件（如女儿墙、山墙、楼梯间、烟囱、天窗等）交接处的防水构造处理。由于屋面与这些构件的材料和伸缩方向都不同，故交接处易产生裂缝，是屋面防水的薄弱环节。山墙、女儿墙泛水构造如图 2-107 所示，图中构造有：

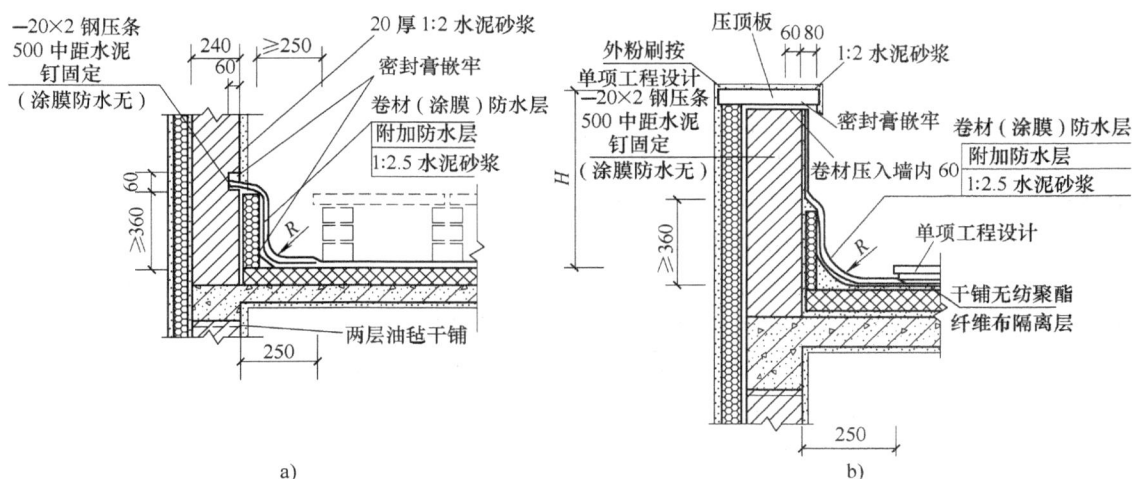

图 2-107　柔性防水屋面山墙、女儿墙泛水
a) 屋面山墙泛水　b) 女儿墙泛水

a. 卷材防水在女儿墙转折处及天沟、檐沟处应增铺附加层，严格保证转角泛水附加卷材的尺寸（平铺段≥250mm，上反≥300mm）。上端边口切齐，压入预留凹槽内，用压条或垫片钉压固定，钉距为 500mm；再用密封膏嵌固，以防卷材在收口处张开，以加强防水

能力。

b. 卷材泛水高度≥360mm，当为女儿墙时，卷材直接铺至女儿墙压顶底。

c. 转角处用1∶2.5水泥砂浆找平并做成圆角，以防卷材折裂；其转角处的圆弧半径R，当卷材种类为沥青防水卷材时：$R=100\sim150mm$；为高聚物改性沥青卷材时：$R=50mm$；为合成高分子防水卷材时：$R=20mm$。

d. 卷材收口处要挑砖或挑压顶或设凹槽，并做滴水线。

② 屋面出入口。如图2-108所示，为屋面出入口构造图。图中构造有：泛水要求同前；出入口处的门槛采用钢筋混凝土板，并做滴水；砖砌台阶每级150mm×300mm。

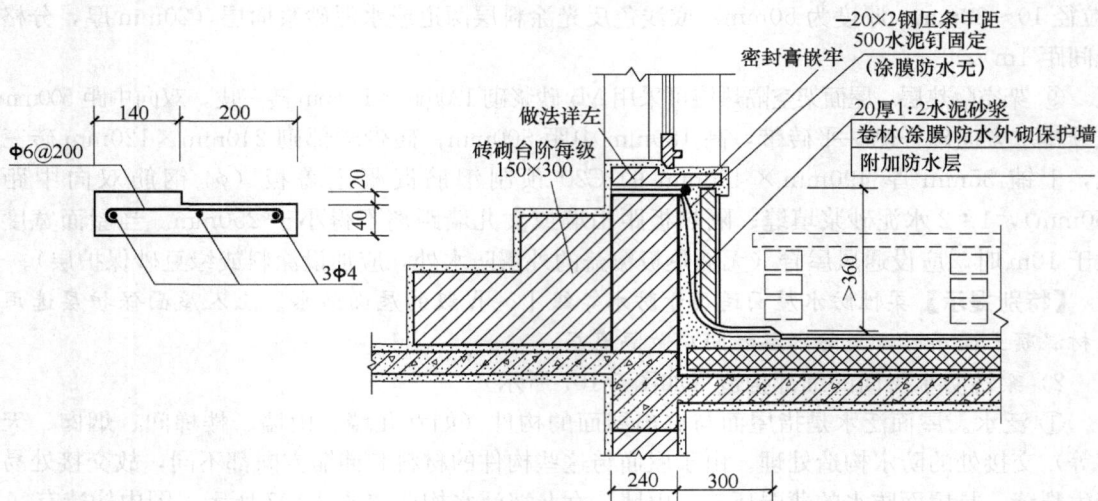

图 2-108　屋面出入口

③ 檐口。卷材防水平屋面的檐口构造视屋面排水方式而定。它分为无组织排水和有组织排水两种。

a. 柔性防水平屋面平檐口构造如图2-109所示，采用钢筋混凝土檐口板挑出外墙，附加防水层空铺，挑檐口满铺防水材料；卷材在离檐口边约100mm处收口，收口处用建筑密封膏嵌牢，檐口外侧粉刷详单项设计，下面做滴水线。

b. 柔性防水屋面外天沟构造和柔性防水屋面女儿墙外天沟构造如图2-110、图2-111所示。檐沟板制成槽形，与圈梁连结成整体。沟内1∶2.5水泥砂浆找坡1%（最薄处20mm厚），然后做附加防水层，上再做防水层（如卷材、涂膜防水）。在如图2-111所示的现浇外天沟构造图中，附加防水层空铺200mm，天沟内满铺防水材料，用压条或垫片钉压固定（如图中∟20×2钢压条水泥钢钉），钉距为500mm；再用密封膏嵌固。天沟外侧粉刷详见单项设计，下面做滴水线。

3）雨水口。雨水口是屋面防水的最薄弱环节。屋面雨水口常见的有两种：一种是用于檐沟的雨水口；另一种是用于女儿墙外排水的雨水口。前者为直管式，后者为弯管式。如图2-112所示为中南地区建筑标准设计中的直管式雨水口构造。其构造要求是排水通畅并防渗漏、堵塞。为防渗漏，在雨水口周围应使用不小于2mm厚防水涂料或密封材料涂封。在天沟、檐沟与屋面交接处的附加层空铺，空铺宽度不小于200mm。上端用密封膏嵌牢，为防堵塞，应在雨水口处加铁箅子或钢丝罩，雨水斗、雨水管优先选用PVC—U硬塑料制品和

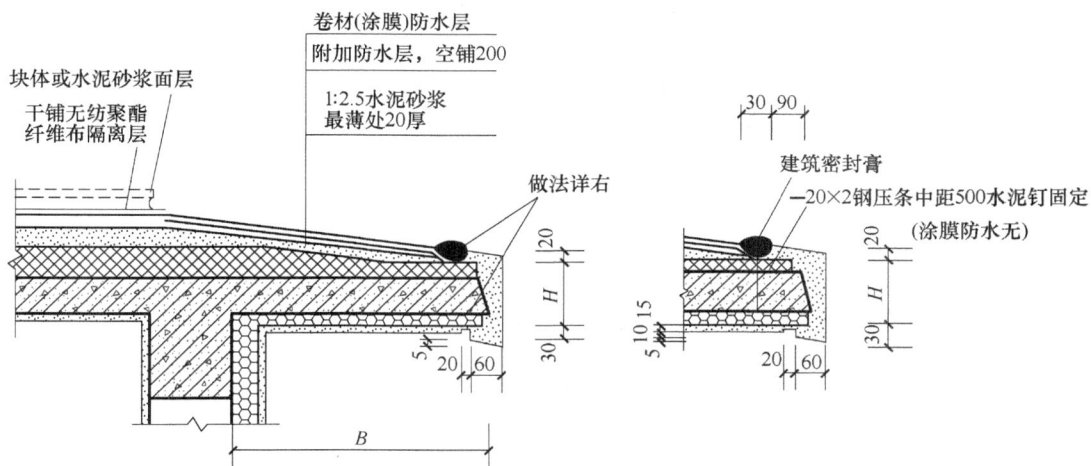

图 2-109　柔性防水平屋面平檐口构造

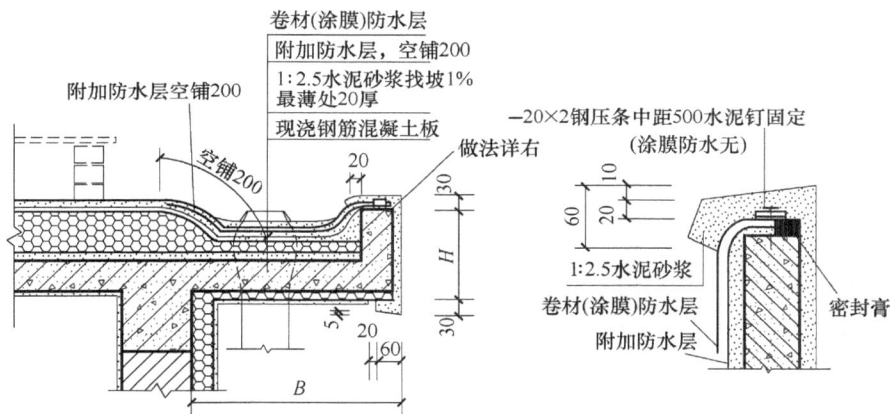

图 2-110　柔性防水屋面外天沟构造

玻璃钢制品，或采用钢制品；城市住宅优先采用防攀半圆 PVC 落水管。87 型和 65 型雨水斗和侧入式雨水斗及其配件按国家标准 01S302 选用，防攀落水管按 02ZTJ202 选用。

【特别提示】 上人屋面女儿墙檐口一般不小于 1300mm（从结构层标高计起）。

（2）刚性防水平屋面构造。刚性防水屋面是指用刚性材料（如防水砂浆或密实混凝土）做防水层的屋面。普通的水泥砂浆和混凝土在拌和中有多余的水分，硬化时逐渐蒸发形成许多空隙和互相连贯的毛细管网，同时也因收缩产生表面开裂，这就形成了渗漏的通道。而防水砂浆中掺入了防水剂堵塞了毛细孔道；密实混凝土的内部结构密实，其防水性能较好。这种屋面适用于南方地区。

1）刚性防水平屋面的构造组成。表 2-13 为中南地区建筑标准设计图集中一细石混凝土防水平屋面（上人·无保温层）的构造，从表中可知其主要组成部分为：

① 结构层。结构层应整体性良好，常采用钢筋混凝土现浇或预制板，由结构设计决定，并宜采用结构找坡 3%。结构层板缝中浇筑的细石混凝土上应填放背衬材料（聚乙烯泡沫塑料棒），上部嵌填密封材料。

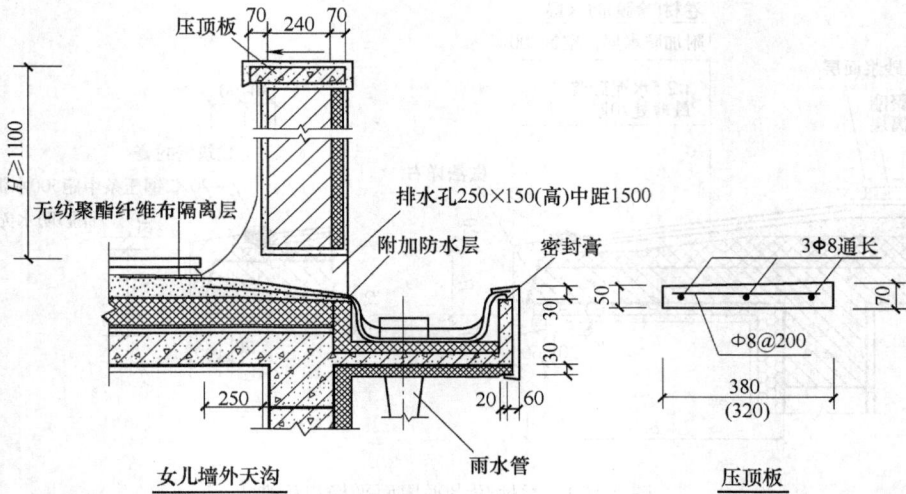

图 2-111　柔性防水屋面女儿墙外天沟构造

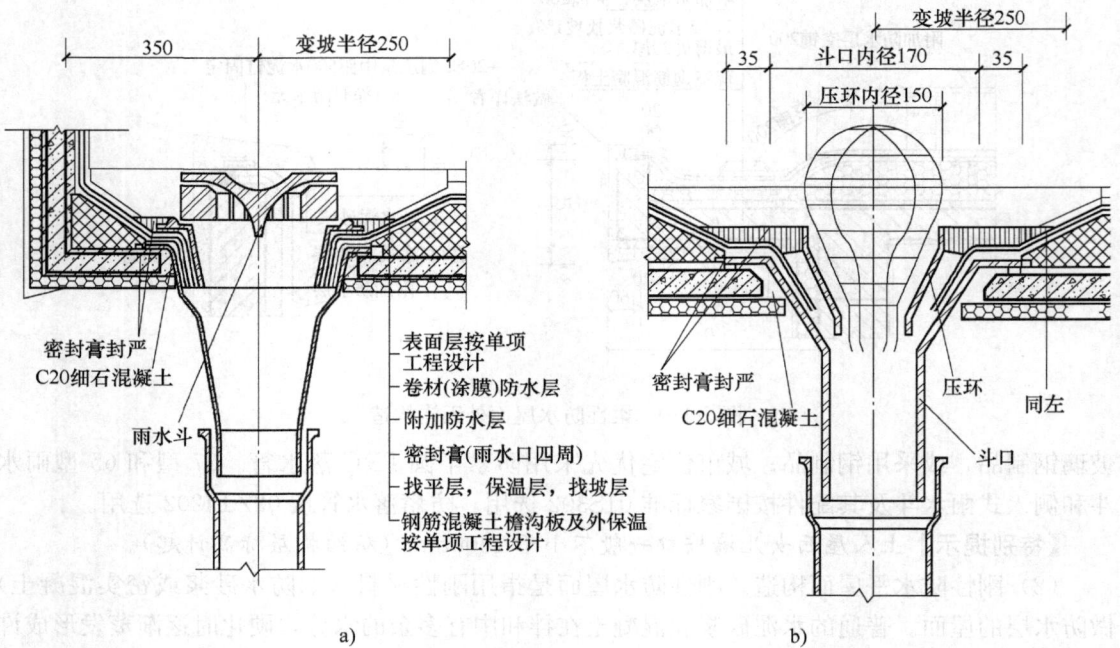

图 2-112　直管式雨水口构造

a) 65 型铸铁雨水口　b) 钢丝球钢制雨水口

② 找平层。当结构层为预制混凝土板时，应做 20mm 厚的 1：2.5 水泥砂浆找平层。

③ 隔离层。细石混凝土防水层与基层间宜设置隔离层。隔离层可用石灰砂浆、干铺卷材、聚乙烯薄膜或薄砂层上干铺一层卷材等做法，隔离层的作用是减少结构层变形对防水层的不利影响，以免防水层开裂。隔离层常采用纸筋灰、强度等级较低的砂浆。

④ 防水层。刚性防水屋面是利用混凝土的密实性做防水层的，为防止防水层收缩时产生裂缝，常采用 40mm 厚 C30UEA 补偿收缩混凝土防水层，表面压光，混凝土内配 φ4 钢筋

双向中距 150mm。钢筋网片在分格缝处应断开，形成分隔缝。其保护层厚度不应小于 10mm。施工时应注意集料级配，控制水灰比，加强振捣和养护，以提高混凝土的密实性、抗裂和抗渗性能。此外，也可采用加膨胀剂、减水剂和防水剂等做法。

表 2-13　细石混凝土防水平屋面构造做法

名　　称	构　造　做　法
细石混凝土防水屋面（上人·无保温层/Ⅲ级防水）	40mm 厚 C30UEA 补偿收缩混凝土防水层，表面压光，混凝土内配 φ4 钢筋双向中距 150mm 20mm 厚黄沙隔离层，干铺一层卷材 20mm 厚 1∶2.5 水泥砂浆找平层 钢筋混凝土屋面板（找坡宜为 3%），表面清扫干净

2）刚性防水屋面的细部构造

① 分格缝。分格缝就是在刚性防水层中设置的变形缝。它是为了防止刚性防水屋面因温度变化或在荷载作用下屋面板产生挠曲变形等原因而产生裂缝，以适应防水层的变形和扩展。细石混凝土刚性防水屋面应设置分格缝，横缝的位置应在屋面板支承端、屋面转折处和高低屋面的交接处；纵缝应与预制板板缝对齐。分格缝的纵、横向间距以不大于 6m 为宜，缝宽 5～30mm。分格缝内应嵌填密封材料：聚氨酯密封膏、丙烯酸密封膏或聚氯乙烯（非焦油型）密封膏。刚性防水屋面分格缝构造如图 2-113 所示。

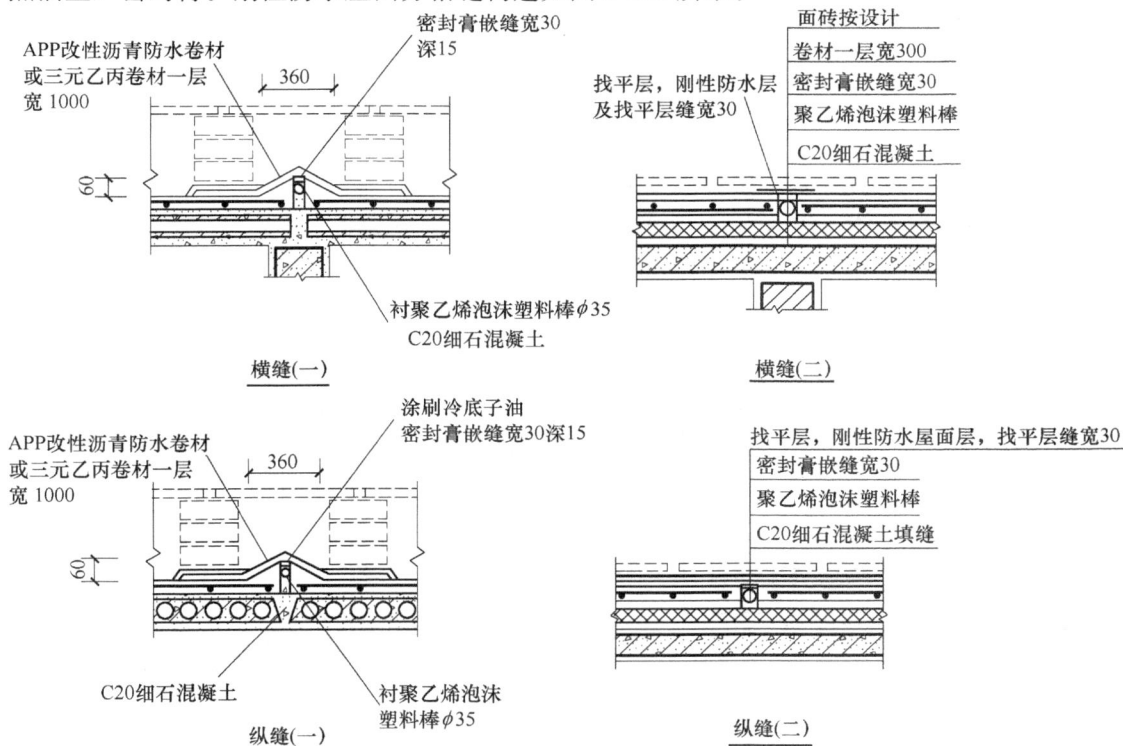

图 2-113　刚性防水屋面分格缝构造

② 泛水。刚性防水层泛水构造要点与柔性防水屋面大体相同，不同的是混凝土刚性防水层与凸出屋面的结构物（女儿墙、烟囱等）之间留有缝隙（分格缝），使混凝土在收缩和温度变化时不受这些凸出屋面的结构物的影响，可以有效防止泛水开裂，并在缝口处用密封膏嵌缝宽 30mm，如图 2-114 所示。

③ 檐口。刚性防水屋面常用的檐口形式有自由落水平檐口和有组织排水外天沟等，不同的是混凝土刚性防水层与凸出屋面的结构物（女儿墙、烟囱等）之间留有缝隙（分格缝），使混凝土在收缩和温度变化时不受女儿墙等的影响，可以有效防止泛水开裂，并在缝口处用油膏嵌缝。

a. 自由落水平檐口构造如图 2-115 所示。在悬臂板与屋面交接处留缝隙（分格缝），密封膏嵌缝，然后在悬臂板与屋面上设找平层和做隔离层并浇筑混凝土防水层。立边粉刷详见单项设计，下设滴水。

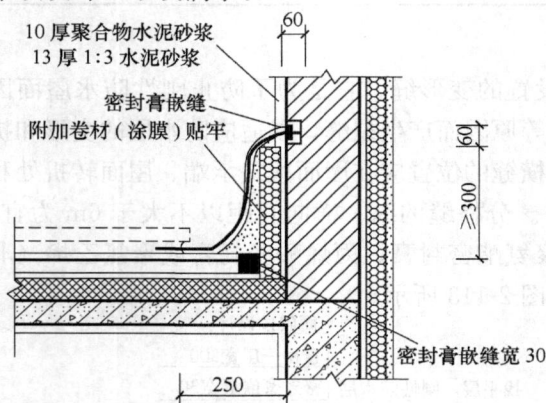

图 2-114　刚性防水屋面山墙泛水　　　　图 2-115　刚性防水屋面自由落水挑檐口

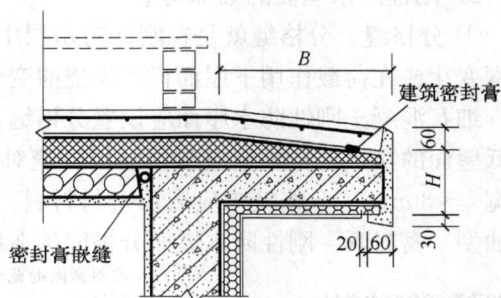

b. 外天沟和刚性防水屋面女儿墙外天沟构造如图 2-116、图 2-117 所示。檐沟板制成槽形，与圈梁连接成整体。沟内 1∶2.5 水泥砂浆找坡 1‰（最薄处 20mm 厚），然后做附加防

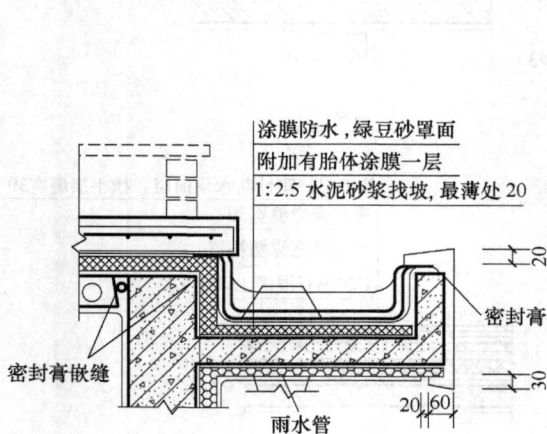

图 2-116　刚性防水屋面外天沟　　　　图 2-117　刚性防水屋面女儿墙外天沟

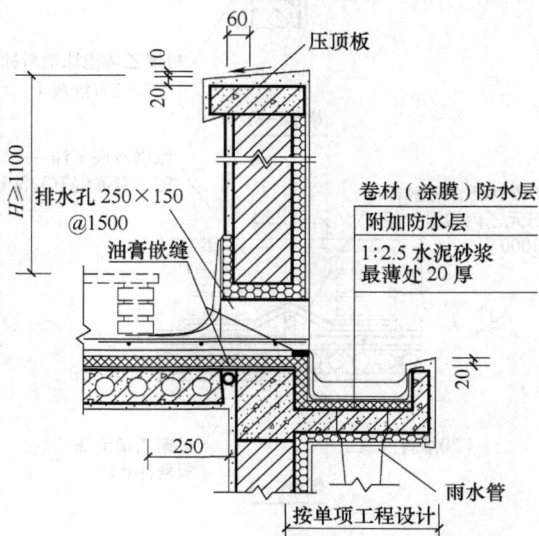

水层（如有胎体涂膜一层），上再做防水层（如卷材、涂膜防水）。在刚性防水层与檐沟内边缘等接口处采用密封膏嵌缝，以防爬水。檐沟立边粉刷详见单项设计，下设滴水。

（3）涂料防水。涂料防水屋面又称涂膜防水，将可塑性和粘接力强的高分子防水涂料直接涂刷在屋面的基层上，形成一层满铺的不透水层，以达到防水的目的。通常分为两大类：一类是用水或溶剂溶解后在基层上涂刷，通过水或溶剂蒸发而干燥硬化；另一类是通过材料的化学反应而硬化。这些材料具有防水性好、粘接力强、延伸性大和耐腐蚀、抗老化、无毒、冷作业、施工方便等优点。但价格较贵，成膜后要加保护，以防硬杂物碰坏。

涂膜防水的合成高分子防水涂料有：硅橡胶、聚硫橡胶、聚氨酯（非焦油型）和丙烯酸酯类、聚合物水泥等防水涂料；高聚物改性沥青防水涂料有：氯丁橡胶沥青、再生橡胶沥青防水涂料、SBS 改性沥青防水涂料等。

涂膜防水的基层为混凝土或水泥砂浆，涂膜施工时屋面基层表面干燥程度应与涂料特征相适应。沥青基防水涂膜，以及溶剂型高聚物改性沥青涂料或合成高分子涂膜，均应在屋面基层表面干燥后，方可进行涂膜施工操作。如有空鼓、缺陷和表面裂缝，应整修后用聚合物砂浆修补。在转角、雨水口四周、贯通管道和接缝等易产生裂缝处，修整后需用纤维材料加固。涂刷防水材料应分多次进行。乳剂型防水材料采用网状布织层，如采用玻璃布则可使涂膜均匀。涂膜的表面一般需撒细砂做保护层，为了减少太阳的辐射以及满足屋面颜色的需要，可适量加入银粉或颜料做着色保护涂料。上人屋顶和楼地面一般在防水层上涂抹一层5～10mm厚粘接性好的聚合物水泥砂浆，干燥后再抹水泥砂浆面层。

4. 平屋顶的保温与隔热

（1）平屋顶的保温。在采暖地区的冬季室内外温差大，室内的热量极易通过屋顶散发损失，不仅耗费大量的供热能源，不符合节能设计的要求，且易在屋顶板底产生冷凝水而影响正常使用，为此需在屋顶处设置保温层等进行节能处理。保温层宜选用热导率和干密度小的保温材料，以减轻屋顶自重。常用的材料有：焦渣、水泥珍珠岩板、加气混凝土块等保温材料，它们设置的部位有如下几种：

1）保温层设在结构层以上防水层以下，这种方法构造简单，施工方便，故被广泛采用。

2）保温层与结构层组成复合板材，在预制过程中用正槽板或倒槽板将保温材料嵌入。

3）保温材料与结构层融为一体，如在加气混凝土板内设置受弯钢筋，这样既能承受自重和施工荷载，又能达到保温效果。

4）保温层设置在防水层之上，多称为倒置式层面。这种做法可避免屋面产生较大的温差应力，施工和维修方便。倒置屋面宜选用有一定强度的防水、憎水材料，如 30～50mm 厚挤塑型聚苯乙烯保温隔热板；采用水泥膨胀蛭石板或憎水膨胀珍珠岩板做成封闭式保温层时，或屋面保温层干燥有困难时，宜做成排汽屋面。

倒置式保温层屋面适用于各种卷材、涂料防水和刚性防水层的屋面工程。倒置式保温层屋面上人时，保温层上面用水泥砂浆铺砌混凝土板或陶瓷地砖；不上人时，保温层上可干铺一层无纺聚酯纤维布或玻纤布后，再铺 50～100mm 厚卵石保护层。

（2）平屋顶的隔热。平屋顶的隔热可通过多种途径，如通风降温、设隔热层、反射降温、植被隔热、蓄水隔热等。

1）通风屋顶

① 在结构层下组织通风。屋面板下吊顶棚，檐墙开设通风口。

② 在结构层上组织通风。即设置架空隔热板，这种通风层不仅能达到通风降温、隔热防晒的目的，还可保护屋面防水层。

2）反射降温屋顶。用浅色的豆石、大阶砖等材料做屋面保护层，或在防水层上涂淡色涂料，均可达到反射阳光降温的效果；对要求较高的屋顶，可在间层内铺设铝箔，利用二次反射使隔热降温效果更好。

3）植被屋面。在屋面防水层上覆盖土层，在其上种植草皮等植物，既可提高屋顶的隔热、保温性能，又有利于屋面防水防渗，保护防水层。

4）蓄水屋面。用现浇钢筋混凝土做防水层，并长期储水的屋面叫蓄水屋面。混凝土长期在水中可避免碳化、开裂，提高耐久性。蓄水屋面既可隔热降温，还可以养殖鱼虾，获得经济效益。

本 章 小 结

基础是建筑地面以下的承重构件，是建筑的下部结构。它承受建筑物上部结构传下来的全部荷载，并把这些荷载连同本身的重量一起传到下面的土层。地基是承受由基础传下的荷载的土层。地基不属于建筑的组成部分。

墙体是建筑物的重要组成部分，在本章内容中主要介绍了墙体的作用、分类与要求，砖墙和砌块的类型和构造，隔墙的类型和构造。这是一个重点学习的内容，要求学生在学习过程中结合实际图形，并结合已建的和在建的建筑进行探讨，明确其重要性，进而进一步掌握它，为后续课程的学习打下扎实的基础。

重点讲述了楼梯、室外台阶与无障碍坡道等几部分内容。

思 考 题

2-1　影响基础埋深的因素有哪些？有何要求？

2-2　什么是刚性基础？其代表基础的截面形式有哪些？构造如何？

2-3　基础按构造形式划分为哪几种？

2-4　什么情况下做地下室的防潮和防水？

2-5　墙体依其所处位置不同、受力不同、材料不同和构造不同可分为哪几种类型？

2-6　常见的砖墙砌筑方式有哪些？

2-7　墙身水平防潮层有哪几种做法？各有何特点？水平防潮层应设在何处为好？

2-8　窗台构造中应考虑哪些问题？

2-9　为什么要规定梁、板在墙上的最小支承长度？具体有何规定？

2-10　调整预制板缝的方法有哪些？

2-11　楼梯、爬梯和坡道各自适应的坡度范围是多少？楼梯的适宜坡度是多少？

2-12　预制钢筋混凝土踏步板的节约措施有几种？

2-13　屋顶坡度的形成有几种方式？坡度的大小与什么因素有关？

2-14　什么是刚性防水屋面？其构造层有哪些？为什么要设隔离层？

2-15　刚性防水屋面的泛水、檐口、雨水口等细部构造有哪些特点？

2-16　什么叫坡屋顶？坡屋顶的承重结构系统有哪些？

实 训 环 节

构造设计实训一

1. 任务条件

如图 2-118 所示为某 7 度抗震设防山地地区的错层式小别墅的平面图和剖面图。餐厅外侧为室外挡土墙，以保证室内采光；起居室外侧为室外平台。别墅屋顶坡度为 1∶3，挑檐檐沟自外墙面出挑 500mm，屋面为柔性防水，并要求设置保温隔热层。

2. 问题要求

（1）住宅底层部分有哪些部位需要设置水平或垂直防潮层（在剖面图中用粗实线标明并注明水平防潮层标高）？分别可采取哪些做法？

（2）二层平面中两间卧室的隔墙 A 和 B 在构造要求上主要有何不同？分别可采取哪些类型的隔墙？应如何处理？

（3）请完成檐沟的节点大样。

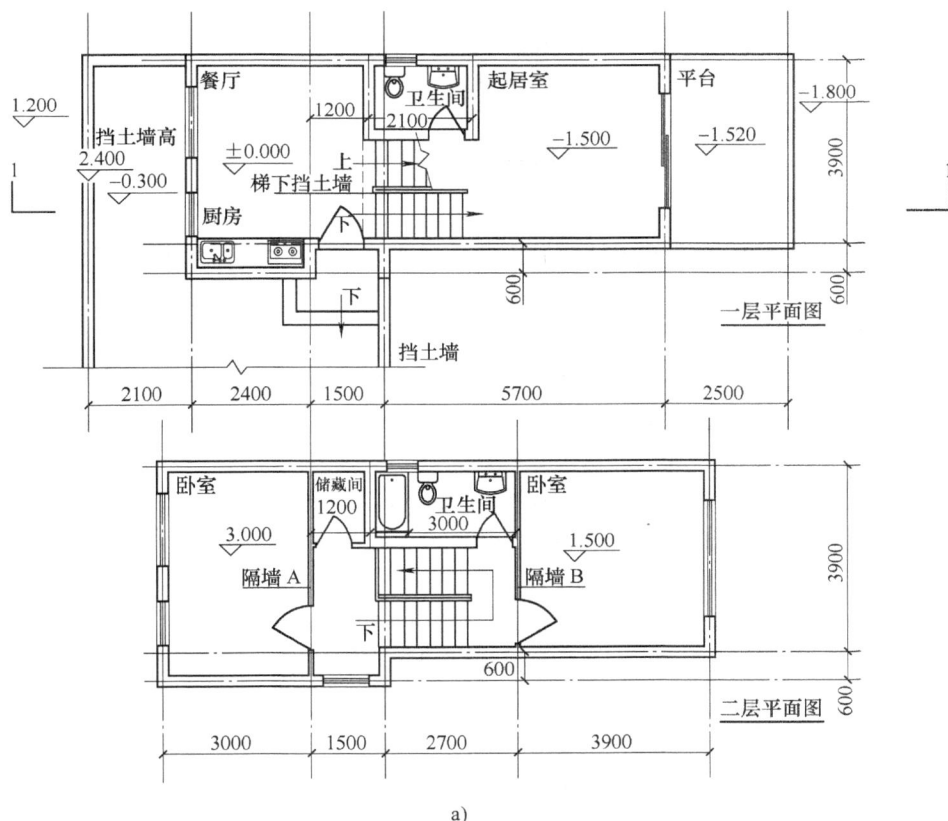

a)

图 2-118　某 7 度抗震设防山地地区的错层式小别墅

a）平面图

b)

1—1 剖图

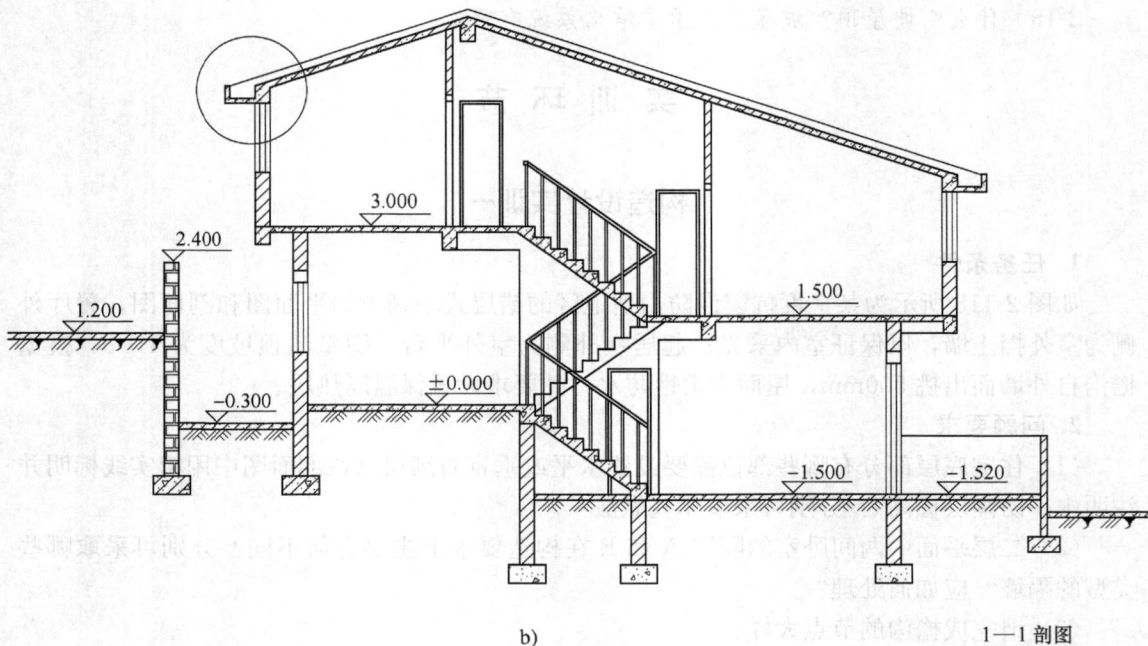

图 2-118　某 7 度抗震设防山地地区的错层式小别墅（续）

b）剖面图

构造设计实训二

1. 设计条件

（1）根据所给的承重页岩砖砌体结构的底层平面图、二层平面图（图 2-119）画出 A—A 剖面图。

（2）构造要求

1）结构：砖混结构。墙体为 240mm 厚页岩砖砌体，±0.00m 以下为实心砖。钢筋混凝土现浇楼板与楼梯，楼板 120mm 厚。

2）基础：条形砖基础，基础埋深一1.80m。

3）层高：底层层高为 3.30m，二层层高为 3.30m，楼梯间顶层层高 2.70m，通至屋顶。

4）墙体：墙体为 240mm 承重页岩砖，±0.00m 以下为实心砖。

5）梁高：梁底至板面高度 400mm。

6）门窗：M-1 门高 2400mm；C-1 窗高 600mm，窗台标高 0.65m；C-2 窗高 1800mm，窗台距室内地面 600mm；C-3 窗高 600mm，窗台距室内地面 1800mm；C-4 窗高 1800mm，窗台距楼梯平台地面 1100mm；C-5 窗高 1800mm，窗台距室内地面 900mm；C-6 窗高 1400mm，窗台距室内地面 900mm。

7）女儿墙：高度 1500mm，楼梯间女儿墙高 600mm。

2. 设计要求：

（1）设计内容：

1）画出从基础到屋顶的 A—A 剖面图，厨房及医务室部分立面可不表现。比例1：100。

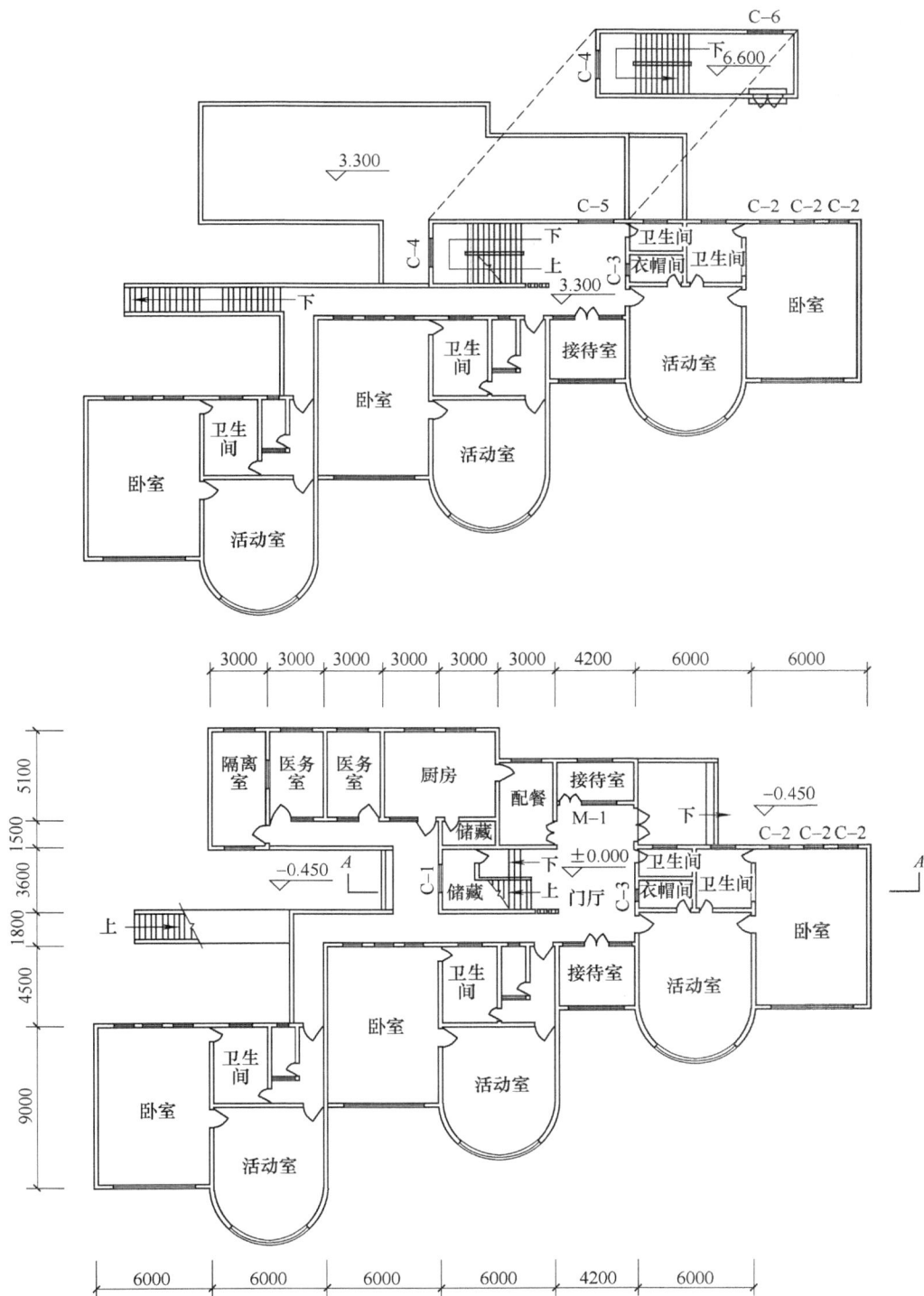

图 2-119 承重页岩砖砌体结构的底层平面图、二层平面图

2）标注楼梯及栏杆尺寸。

3）标注门窗尺寸。

4）画出地面构造。

5）标注其他必要的尺寸及标高。

（2）图样要求：

1）图样规格：420mm×594mm。

2）表现方式：工具作图、其他一律采用钢笔黑白表现。

3）图面要求干净，构图完整。

4）标注基本尺寸。

第 3 章

园林建筑基本构造

学习目标

了解园林建筑的定义；掌握亭的构造形式；掌握廊的构造形式；掌握景墙的构造组成和方法；了解园林中的桥的形式及构件。

园林建筑是指在园林中具有造景功能，同时又能供人游览、观赏和休憩的各类建筑物，它们以丰富多彩的类型和造型活跃在园林造景之中，点缀和陪衬着园林空间的意境。

3.1 亭

亭是园林中常见的一种建筑，主要供游人休憩和观景用。同时，亭以其特有的轻巧、空透的形象，与周围的建筑、山石、水景和绿化相结合而构成园林景观，因此常作为园林中点景和造景的重要手段。

3.1.1 亭的类别

亭在园林景观中应用广泛，故其类型丰富，种类繁多。

(1) 按平面形式分类，如图 3-1 所示。

1) 几何形亭。包括三角亭、四角亭、五角亭、六角亭、八角亭、圆形亭和扇形亭等。

2) 半亭。半亭的体量通常大于 2/3 或小于 1/2 的完整亭，常贴墙或天然岩壁、石洞而建，常见的形式有方亭、长方亭、圆亭和多角亭等。

3) 仿生亭。仿生亭的形式有睡莲式、蘑菇式和梅花式等。

4) 组合亭。组合亭多采用两种以上几何形态进行组合，以增加亭的体量。

(2) 按亭顶形式分类：如图 3-2 所示，亭顶形式以攒尖顶较为常见，如圆攒尖、方攒尖和三角攒尖等；有带正脊的屋顶，如庑殿顶、歇山顶、悬山顶、硬山顶、十字脊和盝顶；也有不带下脊的屋顶，如卷棚顶。现代园林中较多地用钢筋混凝土做平顶式亭。

(3) 按亭的材料分类：木亭、石亭、砖亭、竹亭、钢结构亭、钢筋混凝土亭和塑料亭等。

(4) 按亭的位置分类：山亭、半山亭、桥亭和水亭。

	平面基本形式示意	立面基本形式示意	平面立面基本形式示意
三角亭			
四角亭			
长方亭			
六角亭			
八角亭			
圆亭			
扇形亭			
双层亭			

图 3-1　亭的平面形式

图 3-2　亭的类型

3.1.2　传统亭的构造

园林建筑中的亭，其基本构造是由亭顶、柱身和台基三部分组成。

1. 亭顶

（1）亭顶构架做法

1）大梁法（图 3-3）。一般亭顶构架可采用对穿的一字梁，在上面架立灯芯木即可。较大的亭顶则用两根平行大梁或相交的十字梁来共同分担荷载。

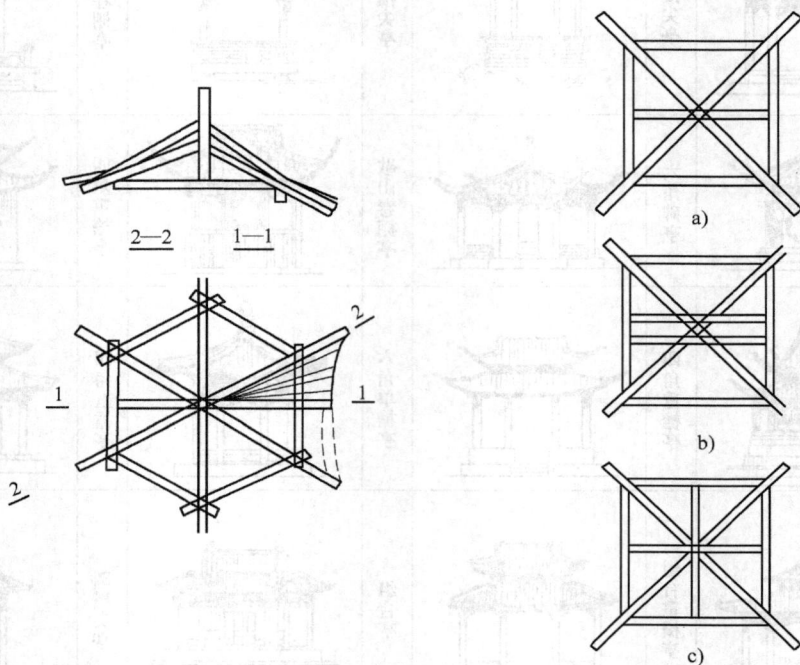

图 3-3　大梁法
a）一字梁　b）平行梁　c）十字梁

2）伞法（图 3-4）。伞法为攒尖顶构造做法，模拟伞的结构模式，不用梁而用斜戗及枋组成亭的攒顶架子；边缘依靠柱进行支撑，即由老戗支撑灯芯木，而亭顶的自重形成了向四周作用的横向推力，它由檐口处的一圈檐梁和柱组成的排架来承担。但这种结构的整体刚度较差，一般多用于亭顶较小、自重较轻的小亭、草亭或单檐攒尖顶亭，或者在亭顶内的上部增加一圈拉结圈梁，以减小推力并增加亭的刚度。

3）搭角梁法（图 3-5）。在亭的檐梁上首先设置抹角梁，与脊（角）梁垂直，与檐呈45°；再在其上交点处立童柱，在童柱上架设搭角重复交替，直至最后收到搭角梁与最外圈的檐梁平行即可，以便安装和架设角梁或脊。六角亭与八角亭的上层搭角梁也相应成立（八角形以便架设老戗），梁架下可做轩或顶棚，也可开敞。

4）扒梁法（图 3-6）。扒梁分为长扒梁和短扒梁，长扒梁两头一般搁于柱子上，而短扒梁则搭在长扒梁上。一般情况下，长、短扒梁叠合交替，有时再辅以必要的抹角梁即可。长扒梁过长则选材困难，费用较高，长、短扒梁结合，则取长补短，圆角攒亭和多角攒亭都可

采用。

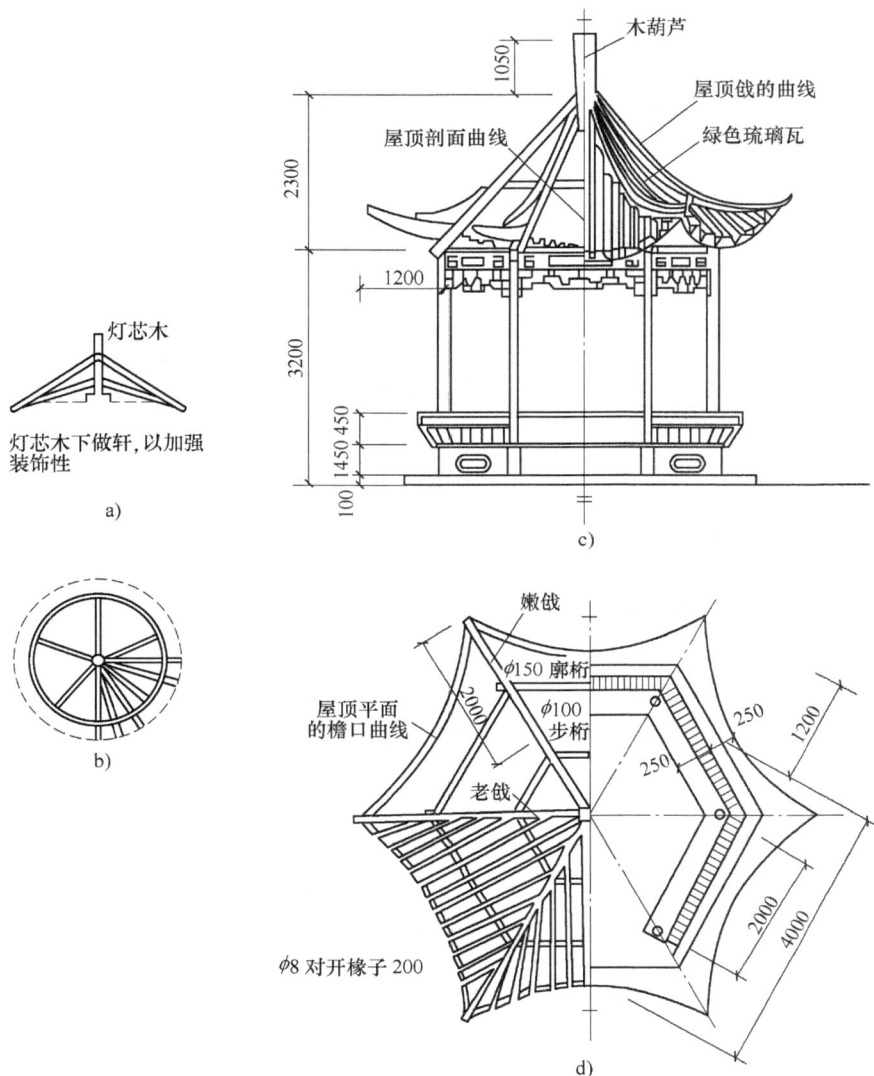

图 3-4 伞法

a) 亭顶结构剖面图 b) 亭顶结构仰视图 c) 亭立面图、剖面图 d) 亭顶屋面图、平面图

5) 抹角梁-扒梁组合法（图 3-7）。在亭柱上除设置竹额枋、千板枋及用斗拱挑出第一层屋檐外，在 45°方向上施加抹角梁；然后在其梁的中间安放纵、横交圈井口扒梁，层层上收。根据标高需要立童柱，上层重量通过扒梁和抹角梁传到下层柱上。

6) 框圈法。框圈法多用于上檐和下檐不一致的重檐亭，特别是当材料为钢筋混凝土时，这种创新而又不失传统神韵的构造方法，更符合力学性能。上四角、下八角重檐亭（图 3-8）由于采用了框圈式构造（图 3-9），上下各一道框圈梁互用斜脊梁支撑，形成了刚度极好的

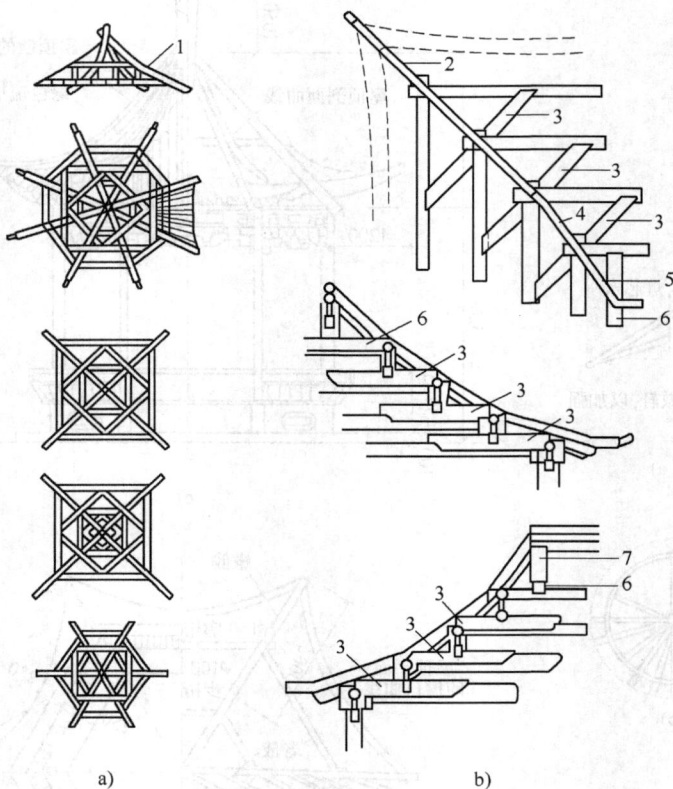

图 3-5　搭角梁法

a）抹角梁　b）图解

1—童柱　2—角梁　3—抹角梁　4—由戗　5—脊由戗　6—太平梁　7—雷公柱

框圈架，因此其上重檐可自由设计，四角、八角或天圆地方（上檐为圆，下檐为方形）都可采用（图 3-9）。

（2）亭顶构造

1）出檐。虽有"檐高一丈，出檐三尺"的说法，但实际使用时变化很大，明代和清代的殿阁多沿用此值，而江南清代榭的出檐约为 1/4 的檐高，即 750～1000mm。现在也有按柱高的 40%～60% 进行设计，出檐则大于 1000mm。

2）封顶。明朝以前多不封顶，而以结构构件直接做装饰。明朝以后，由于木材产量少，工艺水平下降，装饰趣味转移，出现了以棚全部封顶的做法。当时封顶的办法有：顶棚全封顶；抹角梁露明，抹角梁以上用顶棚封顶；抹角梁以上，斗人藻井，逐层收顶，形成多层弯式藻井；将瓜柱向下延伸做成垂莲悬柱，瓜柱以上部分既可以露明，也可以做成构造轩式封顶。

2. 柱身

亭的柱身部分一般为几根承重立柱，形成比较空灵的亭内空间。柱的构造依材料而异，

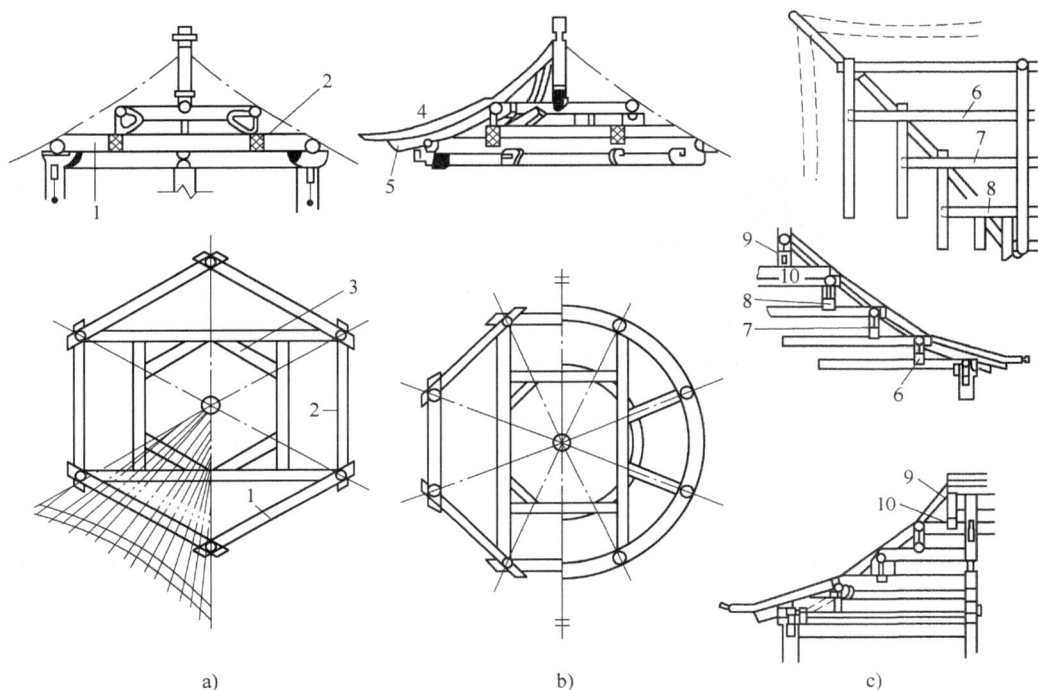

图 3-6　扒梁法

a）六角亭　b）八角亭、圆亭　c）图解

1—长扒梁　2—短扒梁　3—搭角梁　4—仔角梁　5—老角梁　6—下金扒梁
7—中金扒梁　8—上金扒梁　9—雷公柱　10—太平梁

有水泥、石块、砖、树干、木条和竹竿等。柱的截面常为圆形或矩形或多角形，其截面尺寸一般为直径 250～350mm，或 250mm×250mm～370mm×370mm，具体数值应根据亭的高度与所用结构材料而定。柱可以直接固定于台基中的柱基，也可搁置在台基上的柱础石上。木质柱的表面需做油漆涂装；钢筋混凝土的柱可现浇或预制装配，表面应做抹灰涂料装饰，或进行贴面处理；石质柱应先进行表面加工，然后再安装。对于装配式的柱，常做成内倾的形式，即柱的轴顶向亭中心倾斜一定的尺寸（可为柱高的 1/200 左右），以增强柱的稳定性。亭柱周边常设置固定坐凳与靠身栏杆。

3. 台基

台基是亭地上部分的最下端，多采用混凝土，若地上部分荷载较大，则需加设钢筋和地梁；若地上部分荷载较小，如在竹柱和木柱上盖稻草的亭，则仅在亭柱部分掘穴，以混凝土做成基础即可。在台基的构造中，应防止出现因沉降不均匀、变形过大而形成裂缝的现象。亭的基础采用独立柱基或板式柱基的构造形式，多用钢筋混凝土。基础的埋置深度一般不小于 500mm，水中的柱基应进行加固处理（图 3-10）。

119

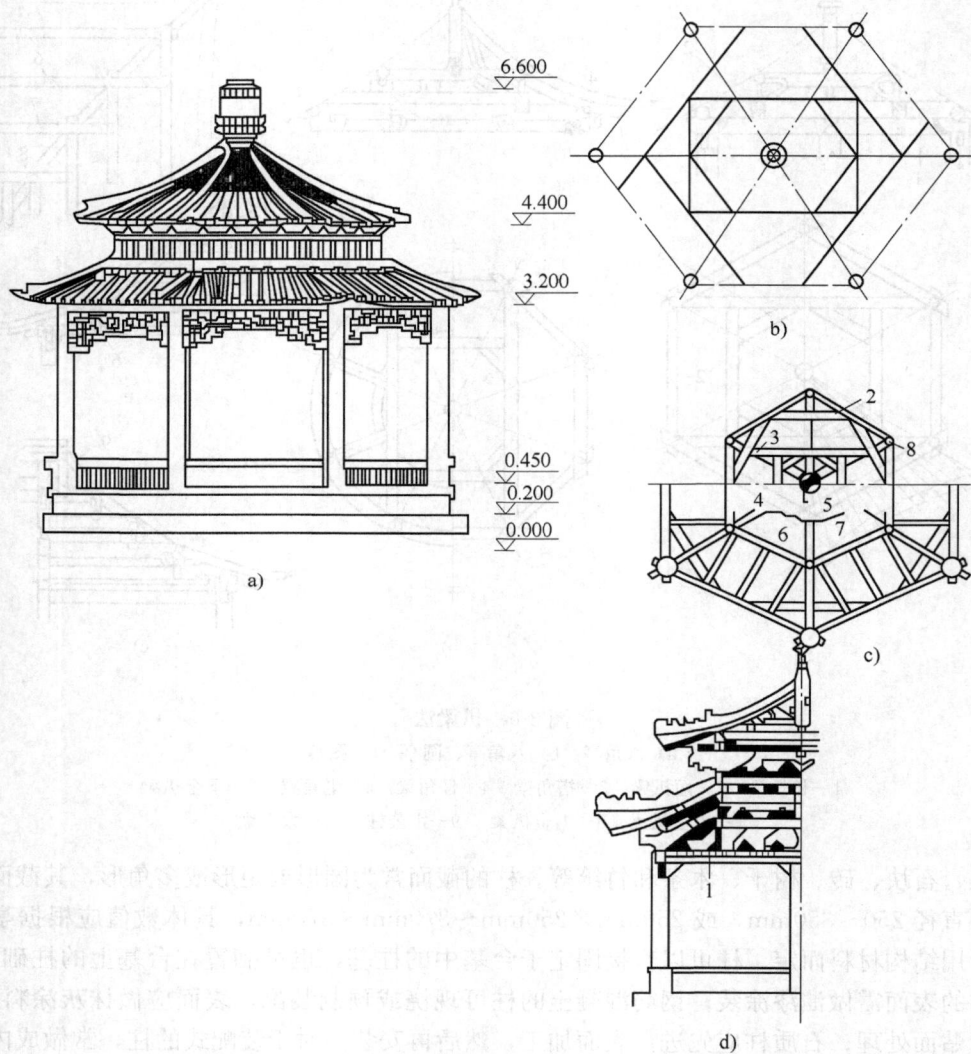

图 3-7　抹角梁-扒梁组合法

a）立面图　b）平面图　c）仰视图　d）剖面图

1—垂莲柱　2—抹角梁　3—扒梁　4—雷公梁　5—由戗　6—上檐　7—斗拱　8—上檐角梁

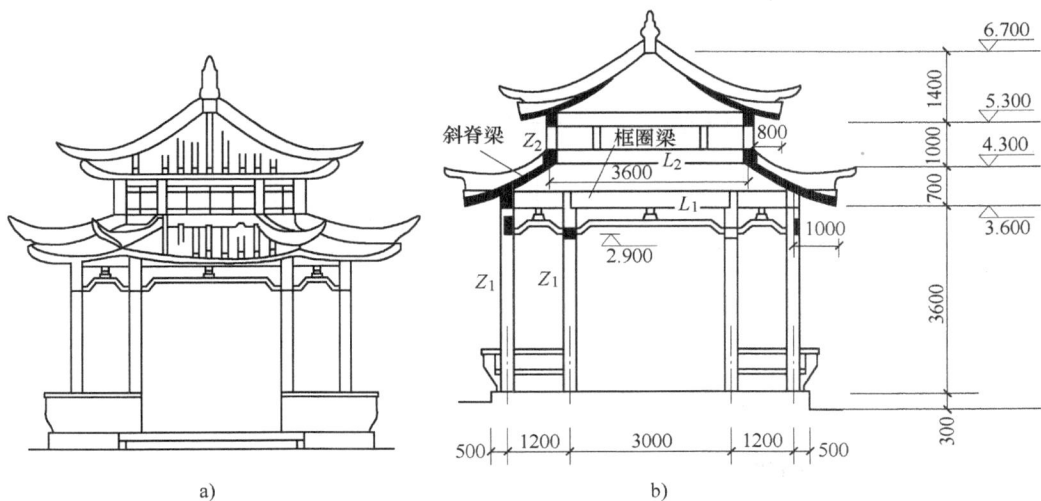

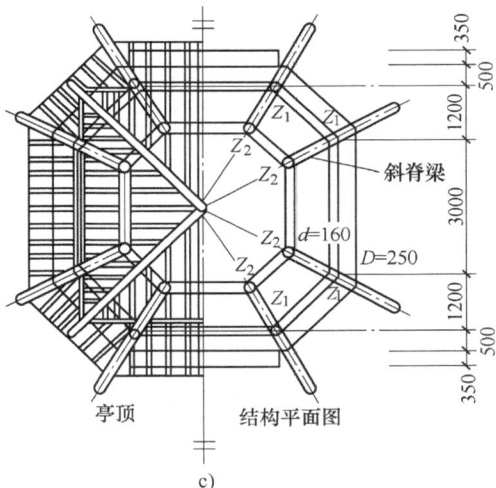

图 3-8 上四角、下八角重檐亭
a) 立面图 b) 剖面图 c) 平面图

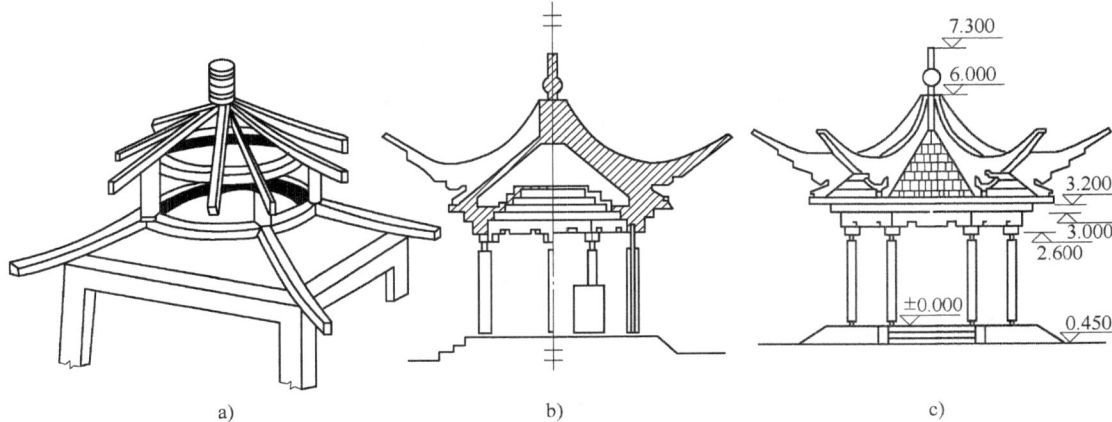

图 3-9 框圈法
a) 效果图 b) 剖面图 c) 立面图

121

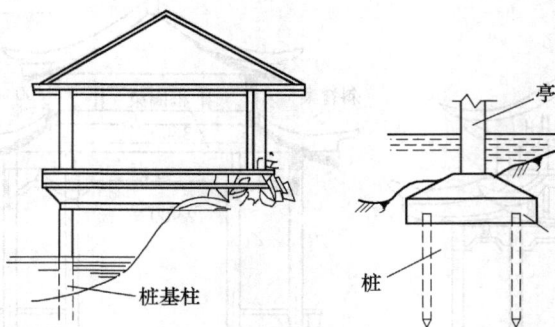

图 3-10　水中柱基处理

3.1.3　现代亭的构造实例

现代亭常采用竹、木、茅草、砖、瓦、石、混凝土、轻钢、金属、铝合金、玻璃钢、镜面玻璃和帆布等制作。

1. 平板亭

平板亭（图 3-11）又称为板亭，一般为钢筋混凝土独柱支撑悬臂板的结构形式。柱的截面多为圆形，柱顶覆盖现浇的钢筋混凝土板，板的造型按景观功能要求呈平板状、伞状和荷叶状等多种形态。板下的净高为 2100～2600mm，在柱的底部多设置 300～500mm 高的固定坐凳。

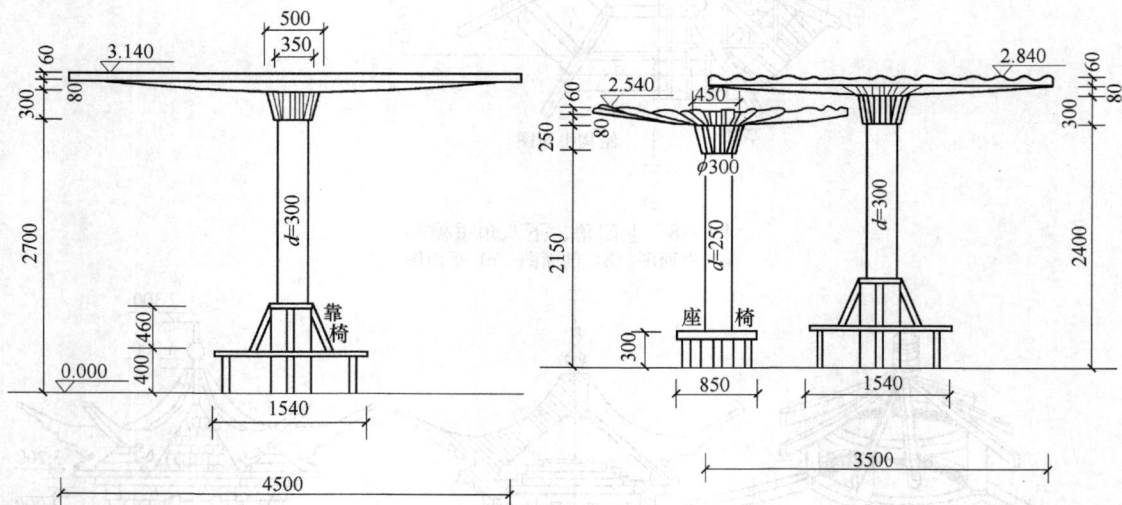

图 3-11　平板亭

2. 钢筋混凝土仿古亭（图 3-12）

钢筋混凝土仿古亭，柱子可采用预制或现浇的方法制作，亭顶梁架的部分采用焊接的方法固定预制梁，其余的梁采用现浇，以形成一个牢固的亭顶梁架体系。屋面板采用双层钢丝网，并用钢筋进行固定，形成网板形体。若使用椽子，则采用焊接的方式进行固定。所有混

凝土构件的外露部分，在装饰施工阶段涂刷相应的涂料，以形成逼真的古典形态。

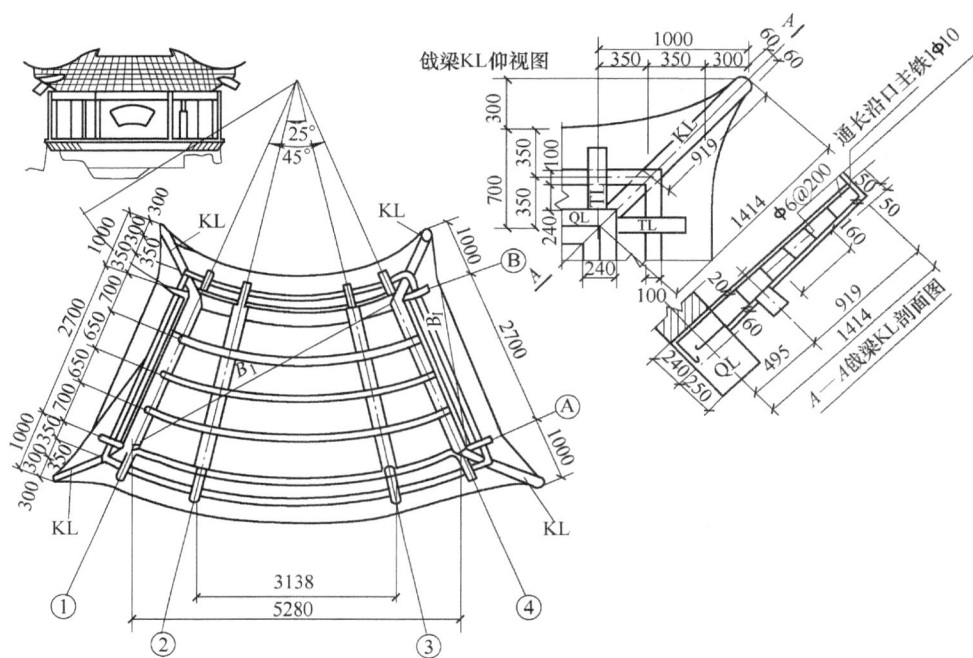

图 3-12　钢筋混凝土仿古亭

3. 构架亭（图 3-13）

构架亭是指由各细长状的方木、铝合金和型钢类杆件组成结构部分的亭。

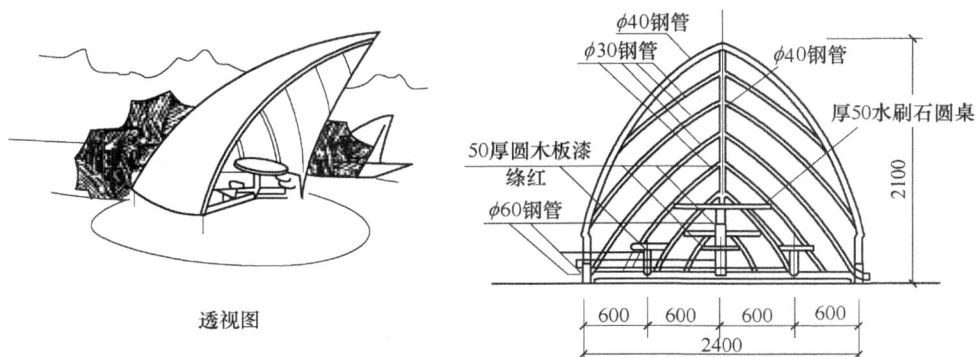

透视图

图 3-13　构架亭

4. 软体结构亭（图 3-14）

软体结构亭，一般用气承膜结构做亭顶或是由钢架组成简单的基本骨架，覆盖帆布成顶。

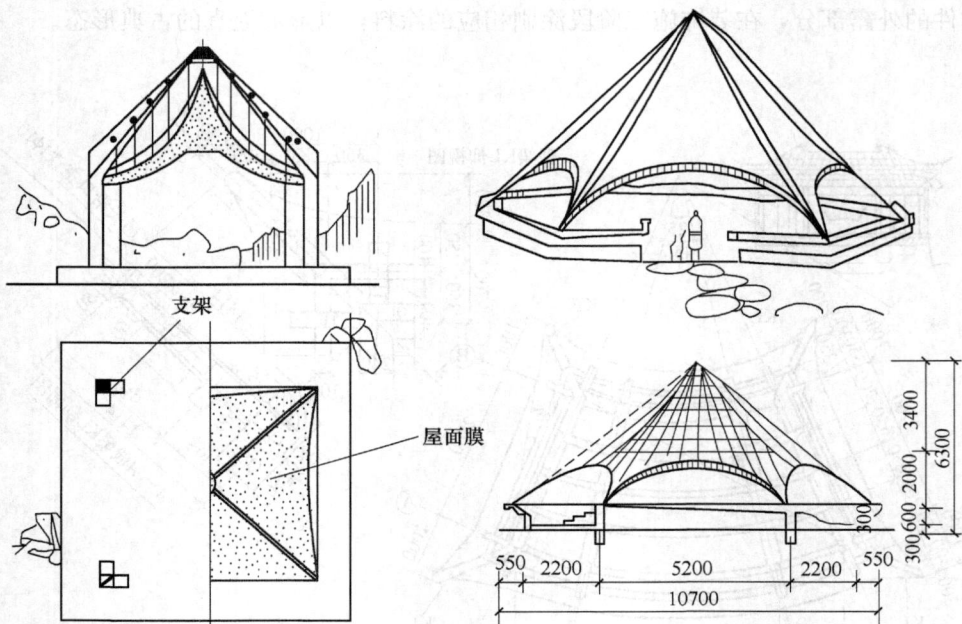

图 3-14　软体结构亭

3.2　廊

　　廊，又称为游廊，通常布置于建筑与建筑之间或两个观赏点之间，作为划分与组织园林空间的一种重要手段。园林中的廊是亭的延伸，自身具有遮挡风雨和引导交通流线的功能，同时也可划分景区空间、丰富空间层次和增加景深。在整个园林布局中，廊是一个重要的景观内容。

3.2.1　廊的类型

　　(1) 按平面造型形式分类可分为直廊、曲廊和回廊等，如图 3-15 所示。

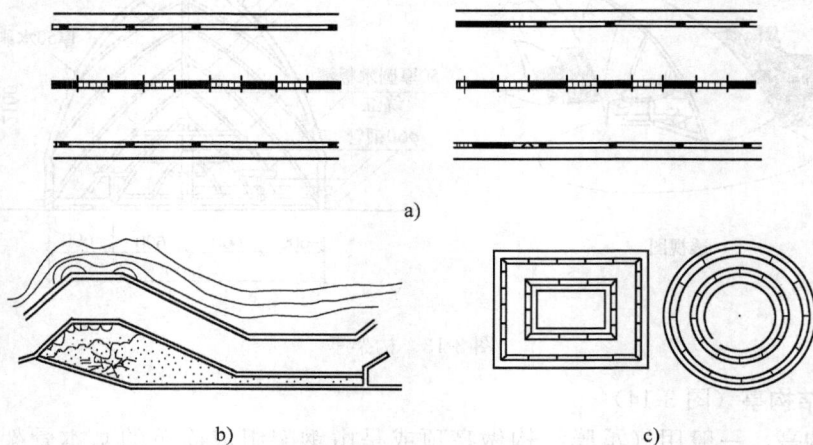

a)

b)　　　　　　　　　　c)

图 3-15　廊的平面形式
a) 直廊　b) 曲廊　c) 回廊

（2）按其通道的数量分类可分为单廊、双廊等数种。

（3）按剖面形式分类可分为平坡廊、弧顶坡廊、双坡廊、披坡廊（又叫侧廊、依廊）和双廊等形式，如图 3-16 所示。

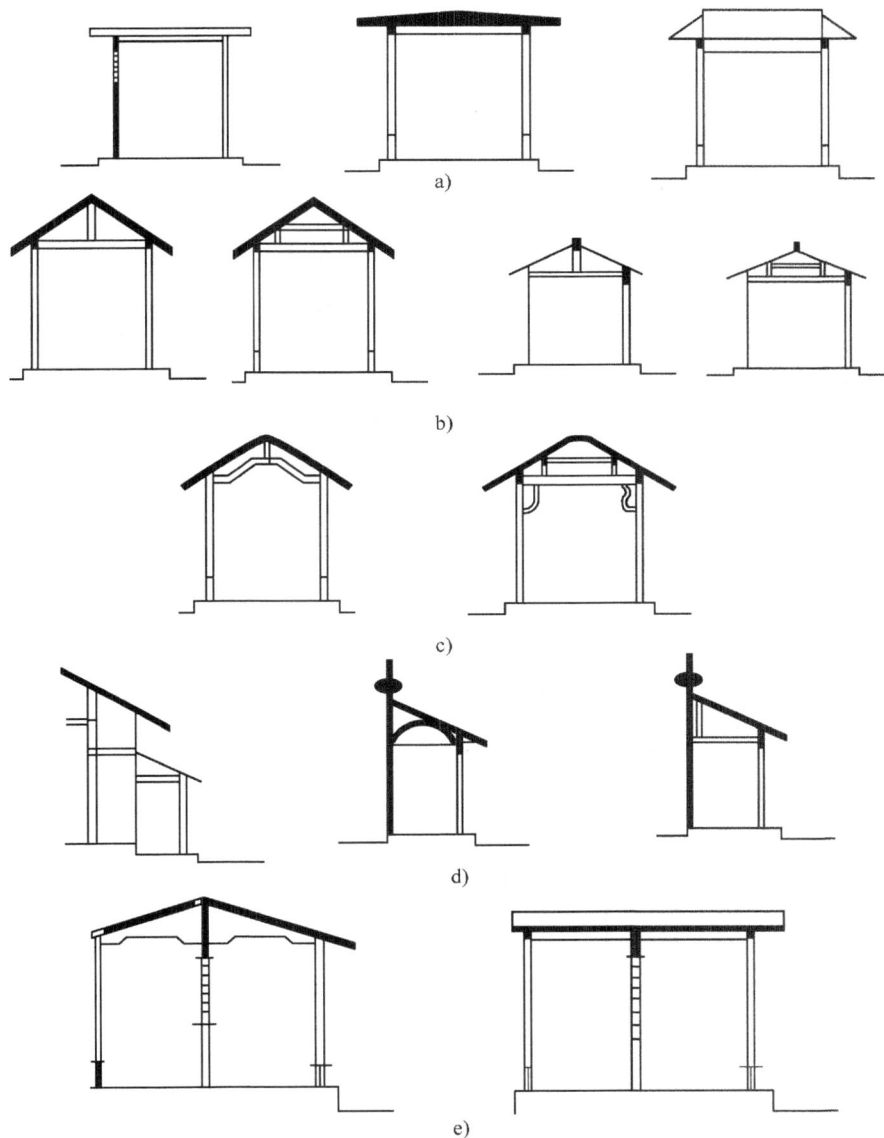

图 3-16　廊的剖面形式
a）平坡廊　b）双坡廊　c）弧顶坡廊　d）披坡廊　e）双廊

（4）按结构主体的材料分类可分为竹木廊、钢筋混凝土廊、轻钢廊或铝合金廊等。

（5）按廊与环境的结合分类可分为爬山廊、叠落廊、桥廊和水廊等，如图 3-17 所示。

爬山廊　　　　叠落廊　　　　桥廊　　　　水廊

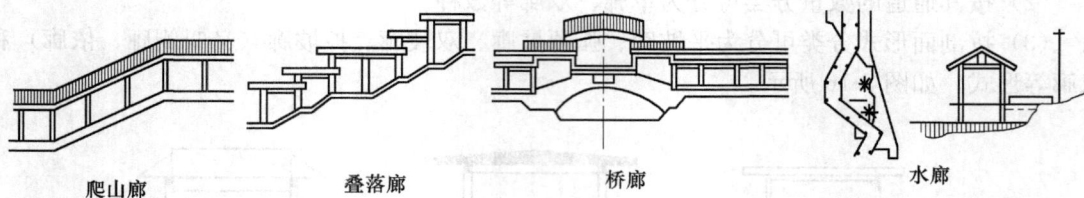

图 3-17　廊与环境的结合方式

3.2.2　廊的构造

廊一般由基础、柱、墙、屋顶、装饰与坐凳等部件组成。

廊的开间一般为 3000～4000mm，宽度以适应游人截面流量及是否设置坐凳而定，常为 1500～3000mm。廊的檐口高度一般为 2400～2800mm，若廊地坪的标高有起伏，则檐口也要做相应的高低起落处理。

廊的屋顶一般有平顶、坡顶和卷棚等形式。廊柱柱径不小于 150mm，柱高 2500～3000mm。方柱截面控制在 150mm×150mm～250mm×250mm。长方形截面柱的长边不宜大于 300mm，截面形式（图 3-18）有三种：普通十字形、八角形和海棠形。廊的墙可设为承重墙或作为柱间的非承重分隔墙。墙体可增强廊的水平抗风抗剪能力，保证廊的水平稳定性。屋顶自重较大的廊柱，可安置于柱础石上，并砌筑部分柱间墙，以增强稳定性，如图 3-19 所示。

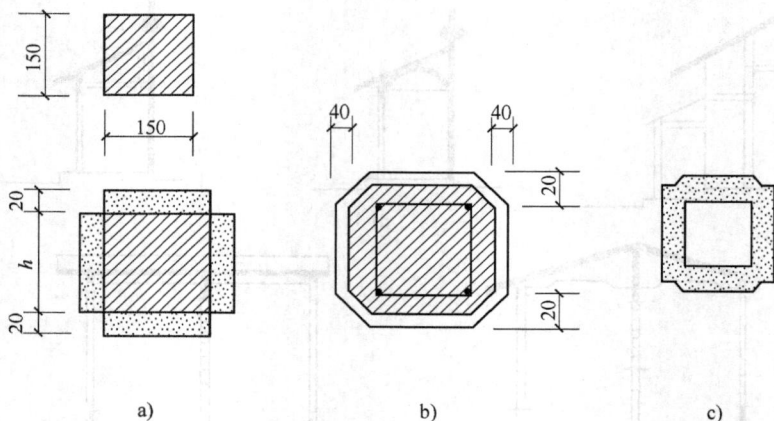

a)　　　　　　　　　b)　　　　　　　　　c)

图 3-18　廊柱的截面形式

廊地坪需做铺装处理，铺装方法可按普通室内地面或园路面层的构造做法。当廊内外地坪有高差时，应设置踏步或坡道。

廊一般不设吊顶，而直接在廊顶下部做抹灰或涂装进行装饰。在廊顶下部和柱间的上部，可设置由木材、钢筋混凝土、铝合金和塑料型材等制作的挂落作为柱间装饰件。柱间可设坐凳（图 3-20），凳高宜为 450mm，凳宽宜为 350～400mm，凳面可采用水泥砂浆、木质、石质和塑料类面层。

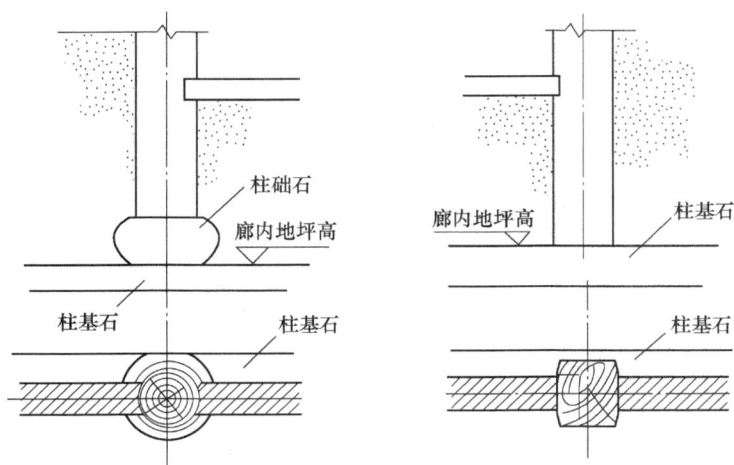

图 3-19　露地廊柱

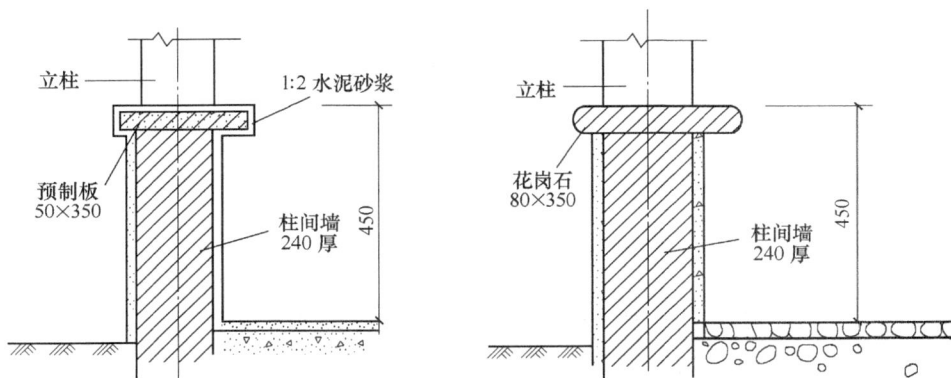

图 3-20　柱间坐凳构造

3.2.3　廊的构造实例

1. 木结构

木结构的廊多采用斜坡顶梁架，结构布置灵活，梁架上设置椽子、望砖和青瓦，或用"人"形木屋架、筒瓦和平瓦屋面。如图 3-21 所示为走廊卷棚顶结构图，如图 3-22 所示为半廊及其结构。

2. 钢筋混凝土结构

园林中现代造型形式的廊多采用钢筋混凝土结构，其基础一般为条形或独立式柱基的形式，基础埋置深度至少为 500mm，或埋于密实土上。柱及屋盖结构可采用现浇或预制装配的方式，屋面应采用较好的缸砖或卷材防水措施，如图 3-23 和图 3-24 所示。

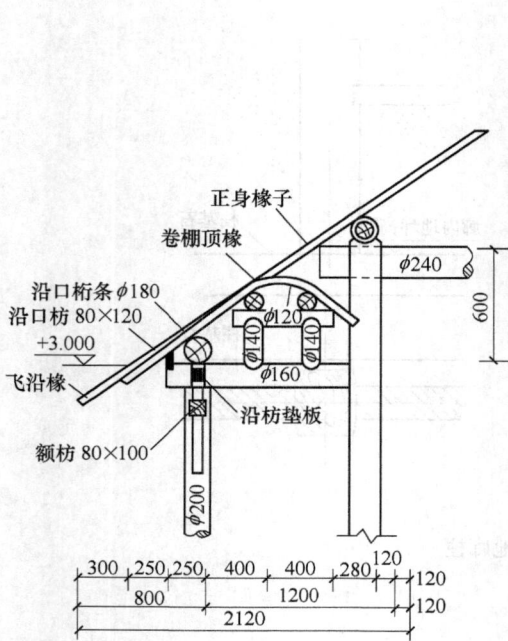

图 3-21　走廊卷棚顶结构

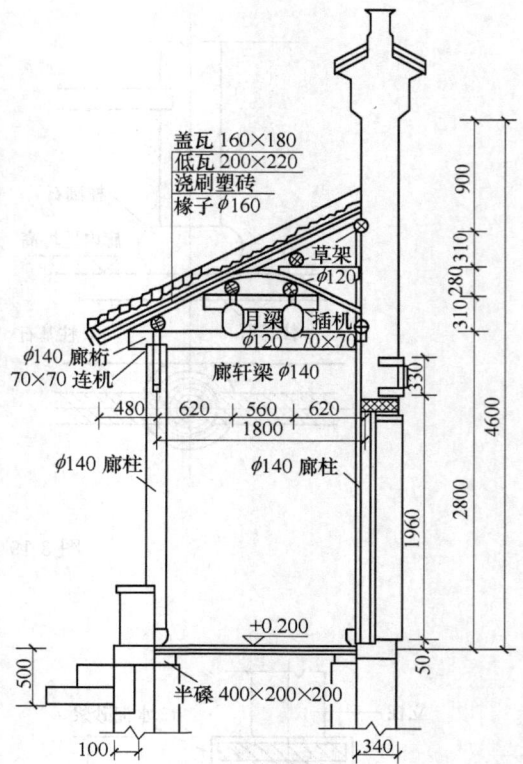

图 3-22　半廊及其结构

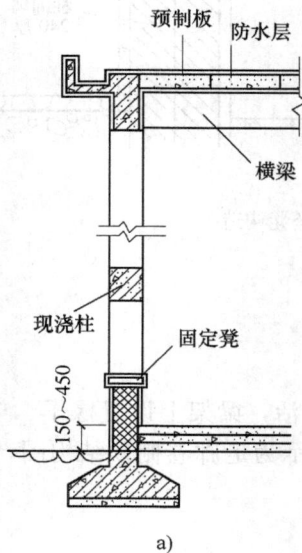

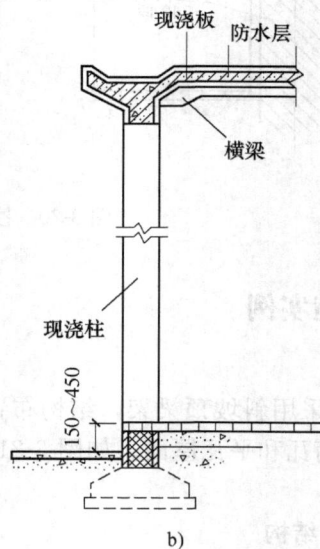

图 3-23　钢筋混凝土结构

a) 预制屋面板　b) 现浇屋面板

预埋木砖

塑砖或木板

通长木砖

GL

门窗

60 30

橡子 40×60

Φ12@150

Φ6@200

2.5

1

200 480 120 120

800

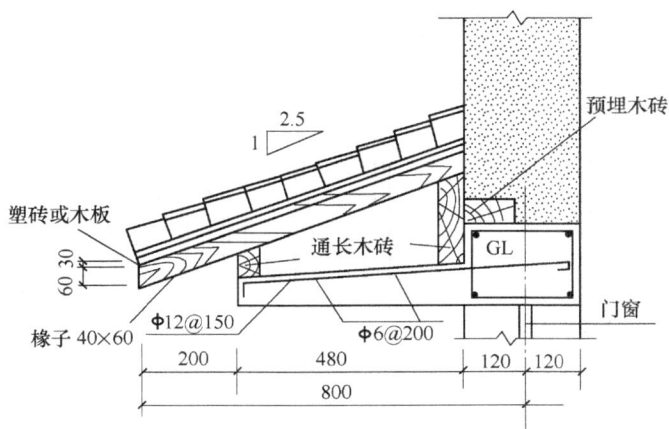

图 3-24 钢筋混凝土坡廊

3.3 景墙

景墙在园林建筑中多指围墙和屏壁。它们不仅能起到分隔、围合和划分空间的作用，本身还具有装饰性和可赏性。景墙类型多样，构造形式也有较大的差异，按外观特征可分为平直顶墙、云墙、龙墙、花格墙、花篱墙和影壁等。按材料和构造的不同可分为土墙、石墙、砖墙、轻钢及绿篱等。本节仅讨论一般景墙的构造。一般的景墙分为基础、墙体、顶饰、墙面饰和墙面窗洞等部分，如图 3-25、图 3-26 所示。

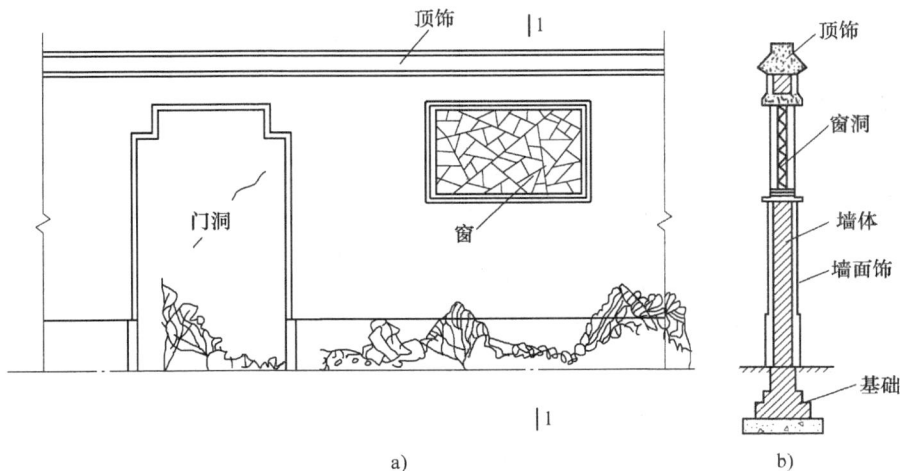

顶饰

门洞

窗

顶饰

窗洞

墙体

墙面饰

基础

a)

b)

图 3-25 景墙的基本组成

a) 立面图 b) 剖面图

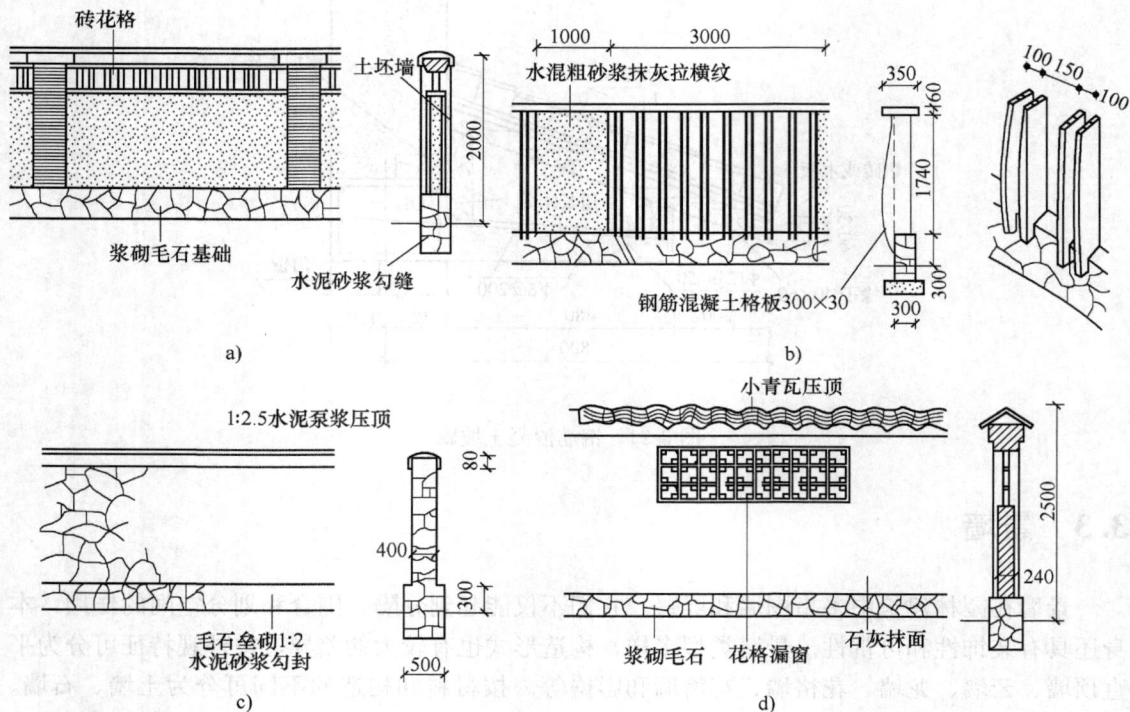

图 3-26　景墙形式

a）花格土筑景墙　b）混凝土竖板景墙　c）虎皮墙　d）花格漏窗窗砖墙

3.3.1　墙基础

墙基础是景墙的地下部分，墙基础直接安置于地基上。墙基础的作用，是把墙的自重及相应的荷载传至地基。墙基础的埋置深度一般为 500mm 左右，常将耕植土挖除，将余土夯实即可。当遇到虚土时，必须做地基处理，以防墙体因出现不均匀沉降而形成裂缝、倾斜。地基处理常采用换土、加深、扩大和打桩等方法。位于湖、河、崖旁的墙基础，应该设置桩基础，以防墙底的泥土被掏空而倾倒。

墙基础的底面宽度应由设计规定，由于承受的垂直荷载不大，故一般为 500～700mm，其宽度随墙身高度的增加而变宽。

墙基础一般由垫层、大放脚、基础墙和墙梁组成，如果图 3-27 所示为墙基础的几种构造方式。垫层常用砂石、素混凝土、毛石或三七灰土做成。墙体采用实心的烧结普通砖和毛石砌成。设置墙梁是为了加强基础的整体性，常用 C20 混凝土，内设 2～4 根 $\phi6～\phi12$ 钢筋。当景墙中设置钢筋混凝土柱时，其柱的钢筋应埋置于基础中，并穿越于墙梁之内。漏空状景墙多采用独立式基础，各独立基础间用地梁联系成整体，如图 3-28 所示。

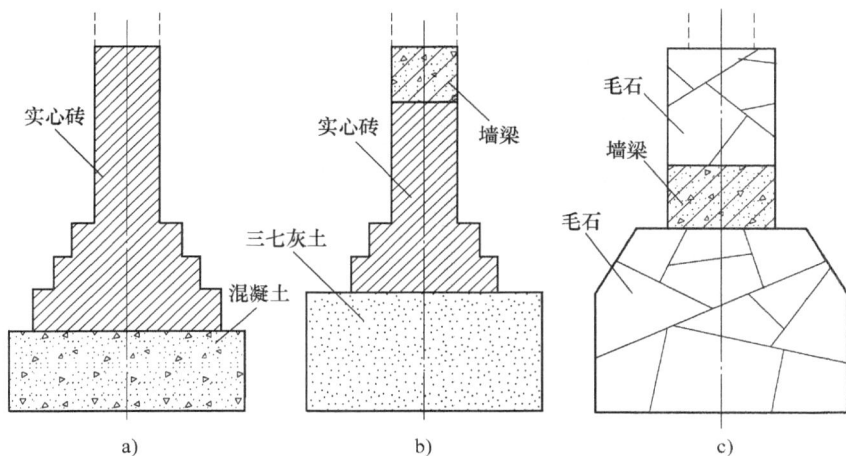

图 3-27　墙基础

a) 混凝土垫层　b) 灰土垫层　c) 毛石墙

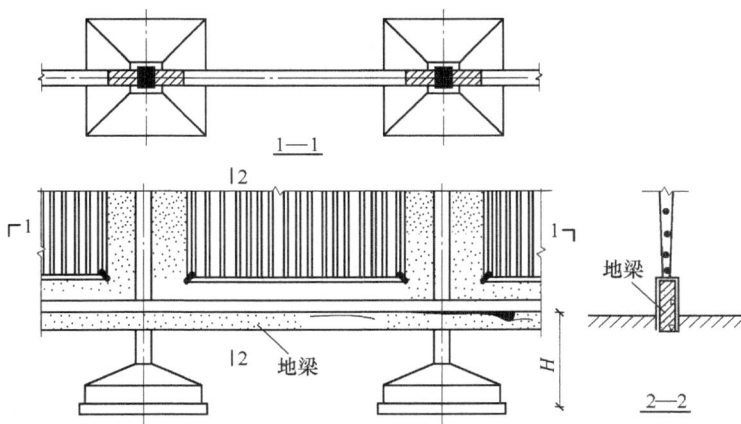

图 3-28　景墙下独立式基础

3.3.2　墙体

　　墙体是景墙的主体骨架部件。墙体的高度一般为 2200～3200mm，包括实心的一砖墙（厚度为 240mm）、半砖墙（厚度为 120mm）、空斗墙和漏花墙等形式（图 3-29）。为了加强墙体的刚度，墙体中间常设置砖礅，砖礅的间距为 2400～3600mm，平面尺寸分为 370mm×370mm、490mm×370mm 和 490mm×490mm 等几种。使用小型空心砌块时，在墙垛处应浇筑细石混凝土，并在孔洞中加设 4（φ10～φ14）钢筋。

　　采用砌体材料砌筑的墙体，外表面一般不做抹灰等饰面处理，或仅做勾缝装饰，故应注意砖块的排列组砌方式，如采用梅花丁以取得美观的墙面效果。

　　为了加强墙体的整体性，墙体的顶部一般设置钢筋混凝土压顶或加设钢筋网带，如图

3-30 所示。

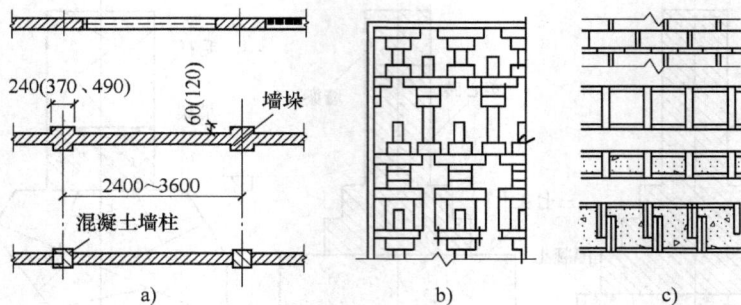

图 3-29　景墙构造

a）平面图　b）漏空墙　c）空斗墙

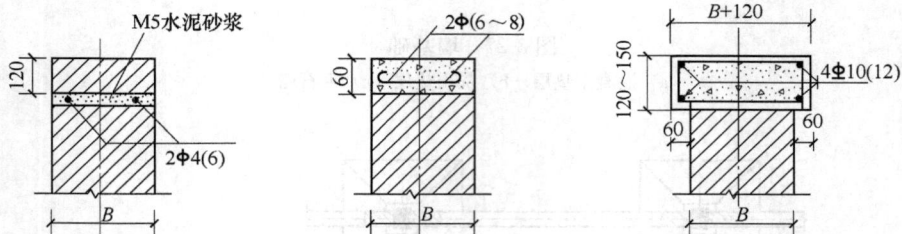

图 3-30　压顶构造

3.3.3　顶饰

顶饰是指景墙的顶部装饰构造做法。顶饰构造处理的基本要求有两个，一是形成一定的造型形态，以满足景观设计的要求；二是形成良好的防水构造，以防止水分进入墙体，达到保护墙体的目的。

现代景墙中的顶饰，常采用抹灰进行处理，即以 1∶4～1∶2.5 的水泥砂浆抹底层与中层，然后用 1∶2 的水泥砂浆抹面层，或者以装饰砂浆和石子砂浆抹出各种装饰线脚。如图 3-31 所示为抹灰类的顶饰构造做法。

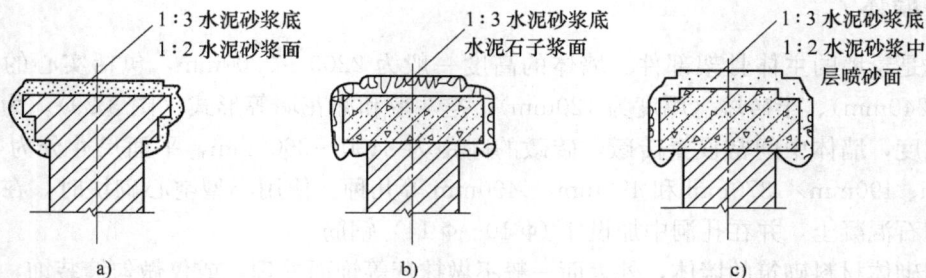

图 3-31　抹灰顶饰构造

对于有柱墩的顶饰，其装饰线脚一般随墙体贯通，或是独立存在而自成系统，如图3-32所示。

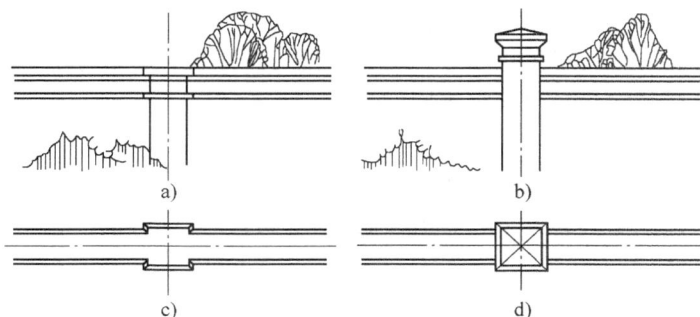

图 3-32　顶饰线脚构造

a）立面图　b）立面图　c）平面图　d）平面图

3.3.4　墙面饰

墙面饰指的是景墙墙体的墙面装饰。墙面装饰一般有勾缝、抹灰和贴面三种构造类型。

1. 勾缝

勾缝指对砌体或饰面块材间的砌筑缝用勾缝砂浆进行涂抹。勾缝砂浆有麻丝砂浆、白水泥砂浆和细砂水泥砂浆等。根据勾缝的形状又分为凸缝、平缝、凹缝和圆缝等几种类型，如图 3-33 所示。根据墙面勾缝布局方式分为虎皮缝、冰纹缝、十字缝、十字错缝等多种形式，如图 3-34 所示。

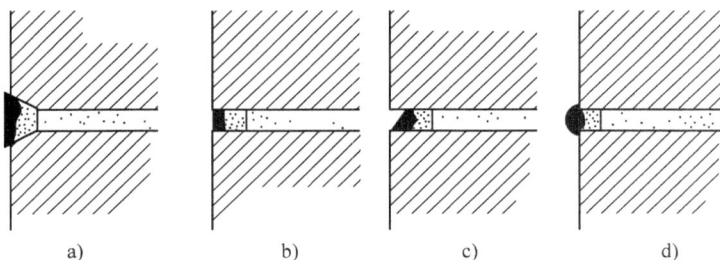

图 3-33　景墙勾缝类型

a）凸缝　b）平缝　c）凹缝　d）圆缝

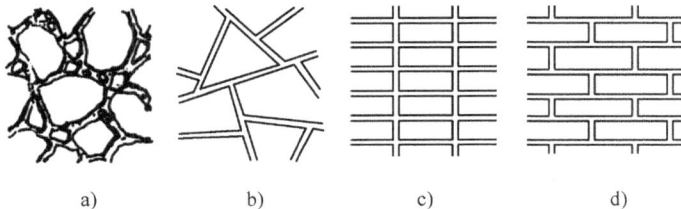

图 3-34　景墙勾缝布局

a）虎皮缝　b）冰纹缝　c）十字缝　d）十字错缝

2. 抹灰

室内的景墙饰面抹灰，可以采用石灰或石膏砂浆；对于室外的景墙饰面抹灰，可采用水泥混合砂浆、水泥砂浆或石子水泥砂浆。既可以采用拉毛、搭毛、压毛和堆花等工艺，获得相应的面层装饰效果，也可以采用喷砂、喷石、洗石、斩石和磨石等工艺，取得相应的材质效果。在抹灰面层可喷涂涂料以获得不同的色彩。

3. 贴面

贴面是指将装饰板材或块材铺贴于实体墙身上的构造做法。景墙的贴面板块材的种类很多，有素土青砖、泰山墙砖、劈裂石、劈裂砖、花岗石、大理石板、琉璃砖以及墙面雕塑块件等。

3.3.5　墙洞口装饰

墙洞口装饰指在景墙上开设的门、窗洞口及其他洞口的装饰构造做法。

景墙上的门洞口，一般有设置门扇和无门无扇两种。洞口的外形有圆形、椭圆形和矩形等多种形式。门洞口，一般均设置门套。门套常用抹灰和砖石材料贴面等装饰构造方式，也可在洞口上方加设楣牌，书写相应的文字。

景墙中的窗饰，也称什景窗，主要起装饰作用。窗的外形有矩形、圆弧形、扇面、月洞、双环、三环、套方、梅花、玉壶、玉盏、方胜、银锭、石榴、寿桃、五角、六角和八角等，如图3-35所示。

图3-35　窗洞口形式

窗饰按其功能性，分为镶嵌窗、漏窗和夹樘窗三种形式。

（1）镶嵌窗是镶在墙身一面的假窗，可设置装饰件和直接起装饰作用，不具有通风、透光和透视等功能，故又叫盲窗（图 3-36）。

（2）漏窗具有框景的功能，并使景墙两侧既有分隔又有联系。对于窗框景平面较大的漏窗，在窗面中可设置相应的透漏饰件，由混凝土预制块、雕塑件、铸铁件和中式小青瓦等多种饰件组成（这些饰件可常使用水泥砂浆固定于窗面中）。

（3）夹樘窗是指在墙的两侧各设置相应的一樘仔屉，在仔屉上镶嵌玻璃或糊纱，其上题字绘画，中间设置照明灯，故又称灯窗；或在玻璃片中间注水养殖观赏鱼或观赏植物，故又称养殖窗（图 3-37）。

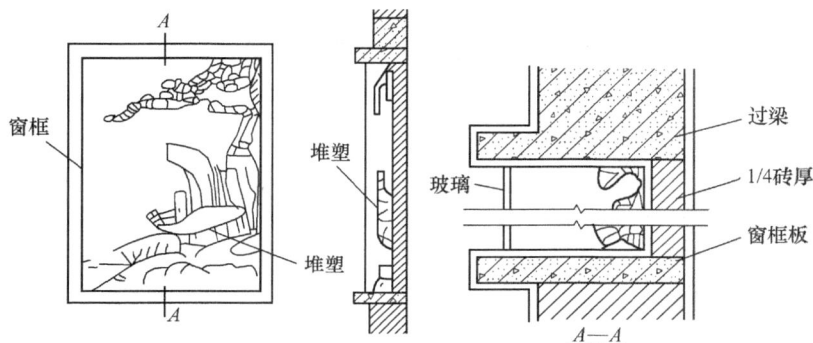

图 3-36　盲窗构造

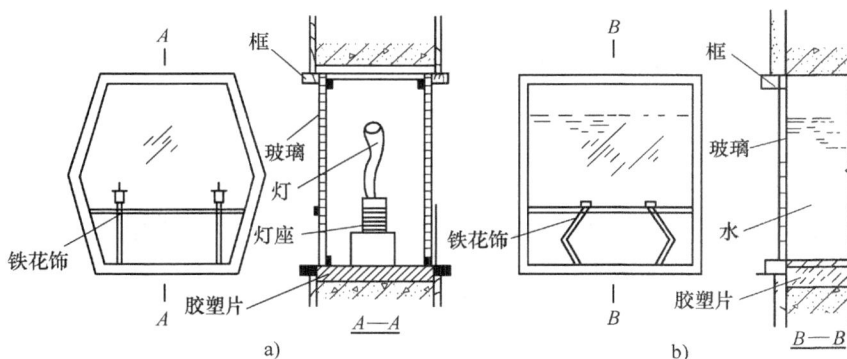

图 3-37　夹樘窗构造
a）灯窗　b）养殖窗

3.4　园桥

3.4.1　园桥的作用

园林中的桥是风景桥，它是景观的一个重要组成部分。园桥具有三个作用：一是悬空的道路，起组织游览线路和交通功能，并可变换游人观景的视线角度；二是凌空的建筑，可点缀水景，本身就是园林一景，在景观艺术上有很高的价值；三是分隔水面，增加水景层次，

赋予构景的功能，水面被划分为大与小两类水面，桥则在线（路）与面（水）之间起衔接作用。

3.4.2 园桥的类型

（1）按结构分类

1）梁桥。梁桥一般布置在园林中小河、溪流宽度不大的水面上，可设桥墩，形成多跨的梁桥。梁桥可分为木梁桥、石梁桥和钢筋混凝土梁桥（图3-38）。梁桥外形简单（有直线形和曲折形），比较适合较小的跨度，如北京颐和园的石板桥（图3-38），简朴雅致。跨度较大的梁桥就需设置桥墩或柱，设置木梁或石梁，在梁上铺桥面板。曲折形的梁桥是中国园林中所特有的，不论是三折、五折、七折还是九折，通称"九曲桥"（图3-39）。九曲桥的作用不在于便利交通，而是要延长游览行程和时间，以扩大空间感，在曲折中变换游览者的视线方向，做到步移景异；也有的用来陪衬水上亭榭等建筑物。

图 3-38　石板桥

图 3-39　九曲桥

2）拱桥。拱桥一般用条石或砖砌筑成圆形券洞，券数以水面宽度取值。其造型优美，曲线圆润，富有动态感。

3）浮桥。整个桥用竹或木连接在一起，漂浮在水面之上，无桥墩。其形式为一面或两面靠岸，可利用船或浮筒代替桥墩，在上面架设梁板，用绳索拉固即可通行。

4）吊桥。吊桥又称铁索桥，布置在水中和两山之间，桥下不便设桥墩。

5）汀步。汀步又称步石、飞石（图

图 3-40　汀步

3-40），是在小溪涧和浅滩中散置的天然石块，用它来代替桥架。块石微露水面，使人跨步而过。

（2）按材料分类可分为石桥、木桥、竹桥、铁桥和钢筋混凝土桥等。

（3）按立面形式分类可分为直线形、曲线形和拱形等。

3.4.3 园桥的结构与构造

园桥是由上部结构和下部支撑结构组成的。园桥的上部结构包括桥面和栏杆等，是园桥的主体部分，要求既坚固，又美观；园桥的下部支撑结构包括桥台和桥墩等，是园桥的基础

部分，要求坚固耐用，耐水流冲刷。如图 3-41 和图 3-42 所示，是两种常见桥的构造图。

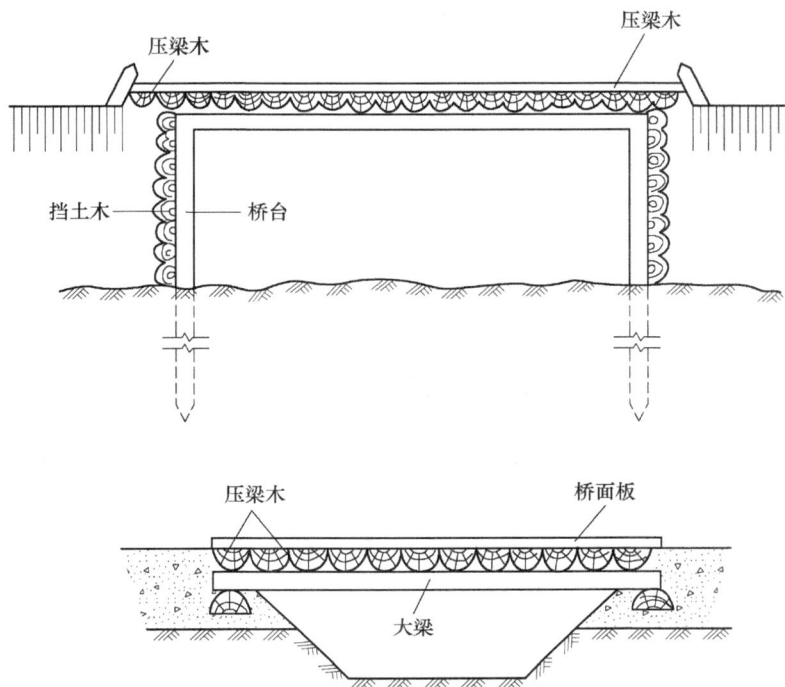

图 3-41 单孔平桥构造

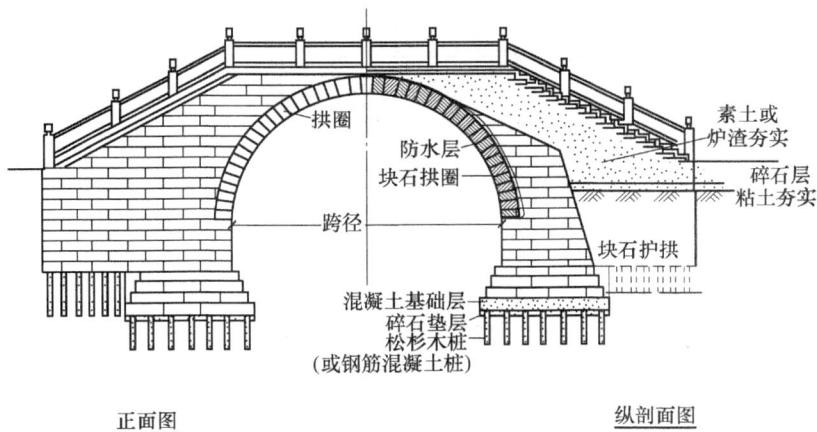

图 3-42 石拱桥构造

本 章 小 结

通过本章的学习，要注意亭的构造组成，亭的构造组成形式和构造方法；廊的构造组成和构造方法；景墙的组成部分和各部分构造方法；园桥的类型和构造。

思 考 题

3-1　什么叫亭的台基？它在亭中起什么作用？

3-2　亭顶构架有哪些作法？

3-3　廊由哪些部分组成，各起什么作用？

3-4　绘制亭、廊的立面图及剖面图，识读其结构。

3-5　如何确定景墙中基础的宽度与埋置深度？

3-6　什么叫勾缝？勾缝有哪些作法？

实 训 环 节

实测一传统园林古建筑并进行立面结构图的绘制（如图3-43所示，为某大学建筑系师生的实测和手工绘制成果）。

要求：（1）比例尺寸关系正确，结构清晰。

（2）古建筑为事实存在，并经实测绘制。

图 3-43　某花亭实测

参 考 文 献

［1］ 何向玲. 园林建筑构造与材料［M］. 北京：中国建筑工业出版社，2008.

［2］ 武佩牛. 园林建筑构造与材料［M］. 北京：中国建筑工业出版社，2007.

［3］ 李必瑜. 房屋建筑学［M］. 3 版. 武汉：武汉理工大学出版社，2008.

［4］ 陈保胜. 建筑构造资料集［M］. 北京：中国建筑工业出版社，1994.

［5］ 中南地区建筑标准设计协作组办公室. 中南地区建筑标准设计建筑图集（1）［M］. 武汉：湖北科学技术出版社，2004.

［6］ 中南地区建筑标准设计协作组办公室. 中南地区建筑标准设计建筑图集（3）［M］. 武汉：湖北科学技术出版社，2006.

［7］ 季敏. 建筑制图与构造基础［M］. 北京：机械工业出版社，2007.

［8］ 刘致平. 中国建筑类型及结构［M］. 3 版. 北京：中国建筑工业出版社，2000.

［9］ 田永复. 中国古建筑构造答疑［M］. 广州：广东科技出版社，1997.

［10］ 田永复. 中国园林建筑构造设计［M］. 北京：中国建筑工业出版社，2004.

［11］ 吴为廉. 景观与景园建筑工程规划设计［M］. 北京：中国建筑工业出版社，2005.